JN080164

今や情報を制する者が世界を制する

警察管理国家

私たちは、監視社会・印象操作された社会の中で生きている！

ジャーナリスト　釣部　人裕

目次

第三章　警察管理国家の現状～「GAFAの恐ろしさ」

警察管理国家

はじめに

「これから、日本は**警察管理国家**にしなくてはいけない？」

この言葉は、ある警察官僚出身の国会議員たちが、20年程前にある会合で発言したセリフです（誰の発言かは、諸般の事情から現時点では控えます）。

昨今の報道とこの裏話を聞いて、「約20年たって本当に実現されてしまった、間違いなく、これが警察管理国家だ！」と私は思ったのです。これに、マイナンバー個人情報などとのマッチングをすれば、それが真実であろうが、印象操作であろうが、ほぼ「人物像」が作り上げられる危険性を感じたのです。「警察管理国家」には**明と暗**があるのです。

２００５年にロンドンの地下鉄で起きた同時多発テロ、２０１３年にボストンマラソンの最中に起きた爆弾テロを思い出してください。いずれも監視カメラからの映像から被疑者が特定されています。

２０１８年12月、東京渋谷でクレージーな若者が軽トラックの上で暴れ、横転させたハロウィン事件では、警視庁が男４人を器物損壊被疑で逮捕しました。この捜査の決め手になったのは、防犯（監視）カメラを徹底解析し、現場から被疑者の自宅までを特定したというのです。この能力の高さには驚きです。過去に起きた事件の中には、より周到な監視体制が整っていれば、捜査がもっと進展したと思われる事件が少なくありません。

また、２０１８年12月、「利用者の同意なく、Facebook（フェイスブック）全利用者の個人情報へのアクセスを、フェイスブックが１５０社以上に許可していた」というニュースが流れました。日本でも、フェイスブックの情報が警察や公安や政府に漏れている噂はありましたが、それが裏付けられたと私は思いました。

このニュースに何人の人が反応したでしょうか？　情報漏えい問題が何度も起きているので、巷では「またか…」と一種の慣れも見られます。

そこで「**なぜ個人情報流出が、そんなに問題なのか？**」を改めて考えてみたいと思います。犯人逮捕への効果は絶大ですが、「監視」されていると一抹の不安もあります。監視社会はどこまで進んだのか？　言い換えると、日本は「監視社会」というより、「警察管理国家」になっているのではないだろうか？　それを思わせる捜査結果でした。「監視社会」とは、一定の権力を持つ個人や組織によって個人の行動が常に監視されている社会。カメラなどによる直接的な監視のほか、住民記録・信用情報・医療記録などの個人情報の監視も含まれます。

私たちの生活では、一度外に出ると、自宅から職場まで何台もの防犯カメラという名の監視カメラが私たちを見つめています。私たちは、「**いつも、誰かに、見られている！**」のです。

言うまでもなく、以前から監視は、「治安のため」という名目で正当化されてきました。しかし、現在では監視技術が犯罪だけでなく、より幅広い分野で大きく役立つものになってきています。人工衛星からとらえた画像を手掛りに、援助組織がイラクの砂漠で野宿をしている難民たちを発見したのもその一例です。衛星が地球規模で気候が急変していることを示す証拠にもなります。

では、未来像はどうなるのでしょうか？　監視社会は、人々を抑圧するのではなく、救ってくれるのでしょうか？　それとも、「警察管理国家」になるのでしょうか？　相反する二つの筋書きは、どちらも正しく同時に現実になるものなのでしょうか？

２０１９年10月

釣部　人裕

第一章　超・監視社会

◆企業が国を超える？

かつてない巨大企業の台頭により、国よりも企業のほうが、実生活に強い影響力をもたらすことがあります。

「オバマ大統領とスティーブ・ジョブズ（アップル社の共同設立者の一人）、どちらが自分の生活に影響を与えているか、といえば、圧倒的にジョブズだ」という主旨の発言をする人もいます。面白い例えだと思いました。もちろん現在でも私たちは、国の枠組み内でしかできないことがたくさんありますが、政治と企業、どちらが自分たちの身近な生活を劇的に変えてきたか、という面に焦点を当てていくと、巨大企業の多大なる影響を認めざるをえません。

過去と現在を比較してみましょう。

・**人との交流の仕方**では、直接会いに行く、手紙、電話 ↓ フェイスブック、Twitter（ツイッター）、Line（ライン）などに。

・**音楽の聴き方**では、ライブやコンサートに行く、レコード、ＣＤを聴く ↓ アップル、アマゾン、Spotify（スポティファイ）などに。

・**本や映像の購入**では、本屋に行く→アマゾンやネット書店など。

・**買い物全般**では、商店街やスーパーに行く→アマゾン、楽天市場など。

・**情報収集**では、図書館に行く、新聞記事を調べる→Google（グーグル）、Microsoft（マイクロソフト）、Yahoo（ヤフー）、Instagram（インスタグラム）などでの検索に。

・**娯楽**では、映画館、テレビ、劇場→YouTube（ユーチューブ）、アマゾン、Netflix（ネットフリックス）、TicTok（ティックトック）などに。

私は、そんなの使っていないなど、個人的意見はあると思います。例えば、「インスタグラムでは、情報収集する際に利用しません」という方もいると思います。これは、ある20代の方の話ですが、旅行する時など、その場所に行ったことのある人のインスタグラムをチェックするのだそうです。けっこう周りの人も同じことをしているとのことでした。

今紹介したサービスは、今でこそ当たり前のように利用しているサービスです。それが、わずか20～30年の間に巨大企業の提供するサービスによって、私たちの行動パターンは劇的な変化を遂げました。しかも、その巨大企業の力はどんどん大きくなり、数も限定され、独占状態となってきています。

◆SNSのユーザー数と国家の人口を比較してみる

面白いデータ表を見つけました（「インスタラボ」を運営する株式会社Find Modelより）。

5大SNS(フェイスブック、ツイッター、インスタグラム、ライン、ユーチューブ)のユーザー数です。全世界で見た主要SNSのユーザー数は、フェイスブックがトップの約24億人、次にユーチューブの19億人、そしてインスタグラムの10億人、ツイッターが3.3億人となっています。

SNS（ソーシャルネットワーク）の利用者数を、各国民の数と比較してみるとフェイスブック利用者数が、人口世界一

5大SNSの月間利用ユーザー数(全世界)

SNS名称	LINE	Facebook	Twitter	Instagram	YouTube
月間ユーザー数	2.17億(1.64億※)	23.75億	3.3億	10億	19億
発表時期	2019年4月	2019年4月	2019年4月	2018年6月	2018/-

※LINEのカッコ内数字は主要4カ国(日本、インドネシア、タイ、台湾)の合計ユーザー数(2019年4月時点)

の中国(約14億)を抜きます。フェイスブック所有のメディア(WhatsAppとInstagram)の利用者数を合わせると、その数、実に約36億人。フェイスブック関連会社の利用者数は、他のどんな国と比べても圧倒的な数を誇ることになります。

もちろん、同じサービスを利用する者同士と、それぞれの国民を、同レベルで比較するのは無理があります。しかし、ビッグデータのように「数」が必要な状況ではどうでしょう。とにかく数の多さが重要な場合は、企業は国より上回っているのです。

◆企業に個人情報を見られて何が問題なのか?

企業が国以上の人数のデータを収集し、自由にアクセスできることに、一種の気持ち悪さを感じていても、特に困らないと考える人もいます。「自分は悪いことしてないし、するつもりもない。スパイやテロリストでもない。悪事を働く人だけが困るんでしょ?」と思う人もいます。また、犯罪防止や捜査に役に立つ一面を考慮すると、「好ましくないが、やむを得ない」という意見もあります。

では、なぜ個人情報が見られる事を憂慮《ゆうりょ》すべきなのでしょうか？

２０１３年に「アメリカ政府が一般国民を監視している」と告発したエドワード・スノーデンという男がいます。スノーデンは、ＮＳＡ（アメリカ国家安全保障局）とＣＩＡ（中央情報局）で勤務し、米軍に在籍していた時期もありました。彼が職務中に、米国政府の情報収集活動に深くかかわります。どのように個人情報を収集していたか、その手口も情報公開したことで、世界に衝撃を与えました。

映画「スノーデン」のポスター

興味のある方は、ドキュメンタリー映画『スノーデン』を観ることをお薦めします。この映画は、いかにアメリカ政府が各国要人や犯罪者だけでなく一般市民を監視しているか、エドワード・スノーデン本人が語るドキュメンタリー映画です。

たとえ、主電源を切っても携帯電話は盗聴可能であり、巨大ＩＴ企業（マイクロソフト、グーグル、ヤフー、アップル、フェイスブックなど）も、ＮＳＡの個人情報収集に協力していました。「ＩＴ企業は、大量の個人情報を簡単に見られる」「この情報を企業が利用することもあるよね」と何となくは感じてはいても、証拠資料を突きつけられ、私はかなり衝撃を受けました。

この原稿を書いている今も、検索機能を併用しながらWord（ワード）を打っています。私が毎日のようにお世話になっているツールが、普通の一般市民をいとも容易に、政府が誰の許可なく監視できるというのです。

もちろん、スノーデン氏が嘘を言っていない前提ですが…（私には、彼が本当のことを話すデメリットはあっても、嘘をいうメリットがあるとは思えない）。

◆メールもメッセンジャーも電話も筒抜け

以下、ネタバレの要素もありますので、その点はご承知おきください。

スノーデンは、ごく普通の神経を持った青年です。国家を守ることに貢献したいと願う彼は、コンピュータの知識を活かしてＣＩＡ職員として雇用されます。しかし、彼はジュネーブや日本での勤務を経て、ＣＩＡやＮＳＡの国民監視の実態を見て驚愕することになります。ＮＳＡは裁判所の命令なしで個人のメールや電話、フェイスブックのメッセンジャーに至るまで、自由に閲覧できてしまうシステムを持っており、プライベートな領域で書かれた大統領への暴言なども読めてしまうという事実を知ってしまうのです。それどころか、オフになっているＰＣのカメラを遠隔でオンにして操作することも可能で、国民のプライバシーが丸裸である実態に慄《おのの》きます。

それらはすべてテロを未然に防ぐという名目で行われているものでした。愛国者であるスノーデンはそのことに理解を示しながらも、どう考えてもテロリストではない人物の情報まで収集している政府のやり方に疑問を待ち始めます。仕事で監視されている国民を見ていて、ＮＳＡによるプライバシーの侵害は常軌を逸しています。

やがて、彼は体調を崩すようになり、気候の良いハワイのＮＳＡの拠点に移ることになるのですが、そこで彼は自らが作成したシステムが爆撃に利用されていることを知り、恋人のリンゼイすら上司に監視されている事実を目の当たりにし、告発する決意を固めるのです。そもそも、彼は素朴な愛国者でした。しかし、政府の実態を見て彼は告発する意思を固めるのですが、愛国精神に変わりはないのです。逆に、真の愛国者だからこそ、この間違った行為が許せなかったのでしょう。

「テロとの戦い」の名の下に行われ、治安維持の面では一定の成果を上げてきたであろう監視の実態。その代償を受け入れて安全を享受するのか、それともその監視に異議を突きつけるのか。決して他人事でも過去の話でもない、まさに現在進行形の課題を、観ている我々に訴えかける内容です。

告発に際して起こりうる最悪の事態に緊迫しながら、それでも暴露を敢行しようとするスノーデンたちの情熱に、こういう人間は日本にはいないのか？と思ってしまいました。愛国心に溢れていた、ごく普通の青年が、その能力を買われて携わった国家の仕事で、個人のプライバシーを極限まで覗き見ることのできる実態を知り、苦悩していく様が淡々と描かれ、監視社会の是非を改めて考えさせられます。

◆いつも誰かに見られている！

エドワード・スノーデンは、「インターネットを取り戻すために」というテーマで

TED Talks（テッド・トークス）に出演したこともあります。亡命中なので、スノーデンは会場に直接登場せず、プレゼンス・ロボット（テレビ会議＋ロボット＋遠隔操作技術を組み合わせたロボット）を通してのインタビューとなりました。

その中で、以下のようなことを述べていました。

・なぜ監視を気にする必要があるのか？といえば、権利はいつ必要になるか分からないので、権利を放棄すべきではない。さらにこの権利はアメリカだけでなく、西洋社会や世界の民主主義社会における文化的アイデンティティの一部をなすものである。

・我々は家族に電話を掛けることができるべきであり、好きな人にメールを送れるべきであり、ネットで本を買えるべきであり、電車で旅行できるべきであり、航空チケットを買えるべきである。しかもそういった行動が、何年も経ってからどこかの国の機関の目に留まってどう思われるだろうかとか、自分の行動が誤解され、意図を詮索されやしないかと心配しなくていい、というのが重要。

・我々にはプライバシーの権利がある。しかるべき理由や個々の被疑に基づいた令状を求めるべき。誰であれ、どこの政府であれ、人々の通信すべてを、人目の届かないところで、監督も付けずに委ねてしまうというのはあまりに危険であり見過ごせない。

スノーデンが言いたいことは、**「政府や企業に全権を委ねることの危険性」や「他人の目を意識しないで、自由に行動することの大切さ」**だと思うのです。

政府や大企業を信頼することは悪いことではないように思えますが、それは神話のようなものではないです。新聞やニュースを見れば、有罪になるかどうかは別として、政府や大企業が不正をしていることが毎月のように報道されています。

たとえ、刑事事件の犯罪に関わっていなかったとしても、特権階級に属する人たちの裁量次第で、個人を拘束できる可能性が出てきます。メールやSNSのやり取りを政府が自由に閲覧できるのなら、個人の弱みを探りだし、圧力をかけ、巨大な機関にとって不都合な事実を言わせないようにすることもできます。

もう一つ、家族や好きな人に電話やメールをすること、ネットで本やチケットを購入すること、電車で旅行すること。普段は当たり前のように自由に行っている、このような行動が制限される可能性もあるのです。

私たちは本来、「誰かに見られている」ことを意識すると、自分の本当にやりたいことを自制する傾向にあります。人の生命を傷つけるような行為や犯罪行為を抑制するのなら、監視は意味のあることですが、巨大機関や特権階級に属する人たちが、自分たちの利益を守るために、多くの一般市民を監視したとしたらどうでしょう。その結果、個人が自由にやりたいことができない環境になるとしたら、どうでしょうか？

例えば、どこかの国のように、「〇〇のことをもっと調べたい」と思ったとしても、「もし〇〇のことをネットで調べたり、本や映画をみたら、あとで自分に困ることが起きるかも。念のため、やめておこう！」と自分から行動をやめてしまうかもしれません。本当は興味あることを、自らの意志で自制してしまう可能性もあるかもしれないのです。

私は３０年程前に北海道にある網走刑務所博物館に行ったことがあります。旧網走《あばしり》刑務所関係のものを展示しています。そこで初めて知ったのが、「五翼《ごよく》放射状官舎」でした。この時に、自分が監視する立場であれば、何と素晴らしい設計なのだろうと思いました。これは、「全てを見通す」という意味のギリシア語語源「パノプティコン」と呼ばれる形式で、「最大多数の最大幸福」を唱えた功利主義の創始者ジェレミー・ベンサムが考案した収容所だそうです。円形型の建物の中央に看守塔があり、そ

画像は、網走監獄博物館ＨＰより引用

の周りに収容者の個室が看守塔に面するように設置されています。

収容者は、他の収容者や看守の姿を見ることはできませんが、看守は中央からすべての収容者を監視することが可能でした。何より巧妙なのは、一日24時間いつでも看守は監視可能ですが、収容者は「いつ見られているか分からない」という点です。ベンサムは「看守は常に監視する必要はない」「見られているかもしれない」という心理により、収容者は良い行いを続けるというのです。

刑務所の話でしたら、これは最高かもしれません。しかし、**現在の私たちの社会構造がパノプティコン（全てを見通す）そのもの、**と考えるとどうでしょうか？

先に紹介したフェイスブックの個人情報の流出問題を思い出してください。インターネットの構造が、パノプティコン（全てを見通す）となっていないでしょうか？　個人はいつでも監視される状況にありながら、いつ見られているか分かりません。このことをスノーデン氏は、問題だと言っているのだと思います。

ナショナル・ジオグラフィック（２０１８年４月号）は『超監視時代』が特集で、町中に張り巡らされている監視カメラについて詳しく取材しています。インターネットという仮想空間も、町中という現実空間も、「いつでも監視可能で、いつ見られているか分からないパノプティコン（全てを見通す）」となっているかもしれません。

◆「国民の議論なし」に始まっている超・監視社会

インターネット空間も、現実空間も、犯罪者やテロリストだけでなく、一般市民も監視可能な状況にあります。しかし、犯罪予防や事件解決の側面を考えるとやむを得ない、といった考えは否定できないと思います。しかし、一番の問題なのは、国民の議論なしに、もうすでに超・監視社会が始まっているという状況なのです。私は、**国民の議論なしに、国家（警察・公安・内閣調査室など）や巨大企業が世界を支配していくことに警鐘を鳴らしたい**と思います。

国の政府であれば、国民に選ばれた役人が、それなりの議論を踏まえて法律を整備しなければならないかもしれません。しかし、それを破る人や、隠蔽したまま実行している機関・人員がいるといわれています。

ナショナル・ジオグラフィック（2018年４月号）表紙

さらに、企業を運営する人間を国民が選んだわけではありませんし、国以上の力を持ち始めた巨大企業は、国民の議論なしに新しいシステムを導入できる力を持っています。善良な会社であればいいのですが、そうでない可能性があるのです。それは、これまでの歴史が証明しています。

先のナショナル・ジオグラフィック2018年4月号の『超監視時代』の特集では、「**監視社会は救いの手か？それとも私たちを奴隷にするのか？**」と述べています。

◆フェイスブックから削除しておいたほうがいい11の項目

話が大きくなってしまって、「自分にできることなどない」と思う人もいるかもしれません。些細なことのように感じるかもしれませんが、フェイスブックなどのSNSから少なくとも次の項目を削除する検討をしてみる価値はありそうです。

1、【電話番号】最悪の場合、ストーカーから連絡がきてしまうかもしれません。

2、【誕生日】誕生日は、個人を特定するのに重要なパスワードになりえます。誕生日の情報があると、名前、住所、銀行口座に簡単にアクセスできる可能性が高まります。

3、【ほとんどの「友達」】ある研究によると、安定した人間関係を築けるのは約150人とのことです。フェイスブック利用者をリサーチした結果、信頼できる友人は約4人、「精神的危機的状況」の場合に感情を共有する相手は約14人との研究結果があるようです。中には、「友達」の数だけが多くなり過ぎて、やり取りが負担になっている方がいますが、自分にとって大切な本当の友人だけに集中した方が精神的にいいと思います。

4、【子どもや家族の写真】生まれたときからインターネットがある世代の子どもたちにとって、大きくなってからも見てみたい「全世界に公開された自分の情報」とは何でしょうか。赤ちゃんや子どもは、自らの意志で自分の写真や情報を公開したわけではありません。後で、子どもたちが困らないように、親が気を付けた方がいいかもしれません。さらには、実際に相談を受けましたが、SNSに写っているお子さんがケガをした画像や映像を観て、虐待を疑い児童相談所に通報し、一時保護された事例も何例もあります。

5、【子どもが通っている学校の情報】子どもをターゲットとした性犯罪者に、情報を与えてしまう可能性があります。

6、【位置情報サービス】5億人以上のフェイスブック利用者が、携帯電話のみでフェイスブックにアクセスしているそうです。つまり、5億人以上の人が、位置情報をネット上で公開し、追跡可能である状態にしているということです。

7、【自分の同僚・上司】仕事上必要な場合もあるかもしれませんが、会社から逐一監視される可能性を考慮すると、リラックスしたSNSを楽しみたい場合は削除したほうが健全かもしれません。

8、【自分の居場所（タグづけ）】自分の居場所を全世界に公開しているようなものです。

9、【休暇へ行く時期と場所】ソーシャルメディアに自分の休暇先を公表した場合、空き巣に入られる可能性が高まるので、休暇へ行く時期と場所は公開しないほうがいいです。

10、【交際ステータス】自分に交際相手ができたとか、別れたといった情報は、フェイスブック上で公開しないほうがいいと思います。特に女性の場合は、一人であることで色々と狙われる場合があります。

11、【搭乗券・乗車券】飛行機に乗って休暇に出かけたり、国際的に仕事をしていることをちょっと自慢したくなるかもしれませんが、やめたほうが賢明です。飛行機会社に提示した情報が外部に漏れる可能性が高くなります。

色々な価値観があり、個人情報流出問題に伴う超・監視社会のことは、簡単に結論が出せません。つまるところ、自分はどんな社会に住みたいのか、どんな世界に暮らしたいのか、ということとなります。それは、「無意識のうちに、誰とも知らない存在を危惧し、自分の行動を制限してしまう社会」なのか、それとも「自由に選択できる社会」なのか、そして、「多少の自由はなくなるかもしれないが、名目上安全が保障されている社会」なのかということです。

少なくとも今言えることは、監視問題に無関心でいることは危険、国民同士の公の話し合いが重要、ということです。

◆渋谷ハロウィン事件から見えること

２０１８年１０月のハロウィンの直前に渋谷で、群衆によって車が横転させられた事件は記憶に新しいことでしょう。この事件では、器物損壊被疑で４人が逮捕されました。事件の解明は４万人とされる仮装者・変装者がいる群衆から、犯人を特定した技術に、私は先ほどの言葉が思い出され、恐ろしさを感じたのです。

２０年前に、かの国会議員たちが目標とした「警察管理国家」が達成されているのだと…。

みなさんは、どのように、個人を特定したのか？　とても気になりませんでしたか？

マスコミでの報道をいくつか紹介しましょう。

「警視庁が周辺の防犯カメラや通行人が撮影した動画を解析するなどの捜査を進めていた」

「トラックの横転現場からひとつひとつの防犯カメラをリレー方式で解析し、カメラに写った容疑者を自宅まで追いかけた」

「捜査一課を中心に43人態勢／まず、「初動班」が現場周辺などの防犯カメラを回収。防犯カメラは時間がたてばデータが消えてしまうものが多いため、スピードが要求される。ひとつひとつ防犯カメラをリレー形式で追っていき、じわりじわりと容疑者の自宅までの道のりを捕捉していく／およそ2週間後の11月半ばには容疑者15人を特定した」

「捜査支援分析センターが映像収集／「DAIS」と呼ばれる「捜査支援用画像分析システム」を使えば、不鮮明で全く見えないナンバープレートの数字も簡単に判読可能。運転免許証やパスポートの写真と照合するなどあらゆるハイテク機器を駆使して犯人の逃走経路を解析する」

事件から逮捕まで約2カ月かかりましたが、裏情報によりますと、人物特定はもっと早くにできていたそうです。その間、現場にいた人が撮ったスマートフォンの画像を集め解析したり、指紋を取ったり、アリバイ（その日、その時間にハロウィンに行っていた）、軽トラックなどついていた指紋と照合したり、否認されても絶対に落とせるように、いわゆる裏取りをしていたとのことです。

◆悠仁さま刃物事件

２０１９年４月26日に、皇族の悠仁《ひさひと》さま事件が起きました。この事件は、犯人がお茶の水大学付属中学の敷地内に侵入し、秋篠宮悠仁さまの机の上に、長さ60㎝の棒に括りつけた２本の果物ナイフを置いたという事件です。

令和の祝賀ムードに水を差すので、平成の内に犯人を逮捕せよとの指令が出ていたそうです。事実、スピード逮捕で、４月30日の夕方に　鎌倉のホテルで逮捕されました。捜査の主導は捜査一課が受け持ち、極左を担当する公安刑事、「捜査支援分析センター」（通称ＳＳＢＣ）という専門部隊も投入されました。ＳＳＢＣは２００９年４月に設置された警視庁刑事部の付置機関で、約１２０名、防犯カメラなどの画像収集、分析のスペシャリスト集団です。

詳細は省略しますが、そこには午前に「水道工事の者です」と告げ、鍵を解錠させた不審人物に的を絞り、カメラが人物を特定しました。裏情報では、6時間後には人定できていたということです。

ＳＳＢＣは、様々な規格の映像を取り込むことができ、その映像を手配被疑者などの映像と顔照合ができる『撮れ像』と呼ばれる独自の機能を使い、さらに、都内のどこに防犯カメラがあるのかという「設置データベース」も持っているので、それらを駆使して動きを追いました。

男は東京駅方面へ向かう際に、切符ではなく交通系のＩＣカードを使ったので、捜査員はすぐ東京メトロに「捜査事項照会」をかけ、ＩＣカードの登録情報から氏名が判明。さらに、渋谷区の「東急ハンズ」で果物ナイフなどを購入。買い物をクレジットカードでしていたことがわかると、クレジット会社に「捜査事項照会」をかけ、銀行口座、登録している住所がわかり、居場所を特定しました。

しかし、肝心のナイフを悠仁さまの机に置いた映像はありません。否認されると窮地に追い込まれるため、泳がせながら、指紋を採るなど、逮捕の証拠を集めていたそうです。そして、証拠が固まったので逮捕。犯人が「中学校に侵入したことは間違いない」と認めたことで、もめることもなく、事件解決の方向へ向かいました。

短期間で、防犯カメラ、ＩＣカード、クレジットカード情報を入手して犯人を逮捕した警察のやり方は見事というしかありません。

中には、犯人の動きを見ると、単独犯ではなく、共犯者がいる可能性が高いという意見もありますが、本来ならもう少し泳がせて行動を監視するのでしょうが、「平成のうちに逮捕せよ！」という指令が出ていたため、それはしなかったようです。

２０１９年5月28日、川崎・登戸殺傷事件も起きました。この事件は、神奈川県川崎市の登戸駅付近で、スクールバスに乗る列に並んでいた小学生や保護者等が刃物を持った男に切り付けられ、被疑者を含む３人が死亡、16人が怪我を負ったという大変痛ましい事件が発生しました。

この事件でも、犯人は死亡していましたが、防犯カメラ等で直ぐに人定されていたようです。ただ、指紋照合、足取り確認など証拠が固まる、警察発表を控えていたということです。

私たちが知っておかなくてはいけないのは、警察発表は、警察がもつ10の情報のうちの１くらいであり、それも警察にとって都合の良いモノだけであるということです。

刑事ドラマや映画では、顔認証やその他の技術を駆使して解析することを観たことがあると思います。日々、どんどん技術が進んでいます。しかも、協力相手はＡＩ（人工知能）で、防犯カメラとＡＩが協調したら、人々の殆どすべてが「誰か」に把握されることが明らかになります。

「警察管理国家」には、明と暗があるのです。

第二章　監視社会と日本人の奇妙な関係

◆防犯カメラ

防犯カメラは、以前から治安が悪いといわれる大阪西成のあいりん地区にはありましたが、日本において防犯カメラという名の監視カメラは、２００１年（平成１３年）から大きく動き出したようです。

警察署が推進しようとして、東京で5カ所（渋谷、新宿、池袋、上野、小岩）に防犯カメラの設置を決めました。渋谷、新宿、池袋、上野は、繁華街もあるし、事件も多い街であることに異論はないでしょう。何で小岩と思う方もいるかも知れませんが、当時、小岩は治安が良くなく、年に2～3件の殺人事件が起きていたのです。

しかし、小岩では防犯カメラの設置を決めたら、プライバシーの侵害ということで、一般市民からの反対運動が起きました。結局、防犯カメラ対策委員会が映像データを管理することで収まりました。

主に首都圏所在のショッピングセンターや大規模マンションに設置された顔認識

システム搭載カメラのうち、利用者や通行人などに対し断らないまま撮影が行われていることが明らかになっています。視聴者の性別・世代を分析し顧客分析に利用する目的があるとされており、カメラ設置業者側は「個人を特定しておらず問題はない」と主張していますが、有識者の間からは「商業目的では納得のいかない人も多いし、何らかの形でのルール整備が必要だ」などの批判的な意見が多く聞かれます。

また、情報通信研究機構は、JR西日本などの協力を得て、大阪駅構内の大阪ステーションシティに多数の顔認証カメラを設置し、構内の通行人の追跡を実施する実証実験を、２０１４年４月から実施する予定にしていました。ところが、計画が同年１月６日に報じられると共に、市民らから抗議が多数寄せられるようになり、２０１４年３月の時点で、実施の目処が立たない状態となっていました。同機構やJR西日本などは「防災目的である」としているものの、勝手に顔を撮影された上、商業目的などに利用されることが懸念されています。

その後も防犯カメラの導入が進んでいますが、地域住民の激しい反対運動はあまり起きていないようです。防犯カメラを入れるといっても、大した話題になりません。

反対運動も起きません。国民は監視されても、犯罪が抑止されるなら、良いと思っている人が多いと思います。今では、市民が防犯カメラという名の監視カメラの導入を容認する風潮になっています。

綜合警備保障（ALSOK）が実施した意識調査（2018年）では、「3年前に比べて、防犯カメラが増えたと思いますか？」という問いに、「とても増えたと思う」「やや増えたと思う」と回答した人は合わせて約79％に達しました。日常的に防犯カメラの増加を感じている人が大半です。

◆顔を認識する

今お話した、顔認証について、簡単に説明します。

顔認証は、監視カメラのデジタル画像から、人を自動的に識別するためのコンピュータ用アプリケーションです。ライブ画像内の顔と思われる部分を抜き出し、顔面画像データベースと照合することで識別を行います。

空港や政府機関といった厳重な警備が必要となる場所で導入が進んでおり、小売店でも常連客や万引き常習犯を特定するために、この技術を導入するところがあります。以下のようなシステムになっています。

1、顔を見つける
顔認識システムが対象の画像からパターンを抽出し、あらかじめ設定された顔のモデルに近いと、システムが顔の発見として反応する。

2、デジタル化の顔を作る
顔認識のため、幾何学的な計測値や顔表面の温度などを用いて、精度の高い「顔プレート」と呼ばれるデジタル化した顔を作る。

3、顔を照合する。
「顔プレート」ができると、データベースにある膨大な数のテンプレートと照合される。こうして、身元確認や監視カメラに映った人物の身元特定がなされる。

顔を認識する技術は急速に発展しています。最近では、見えない部分も考慮した正確さを達成しようとする三次元顔認識があり、3次元センサーを使って、顔の立体的情報を取得し、そこから、眼窩・鼻・あごの輪郭など、際立った特徴を抽出して使います。3次元顔認識の利点は、様々な角度からの顔画像であっても認識できます。

また、皮膚の見た目の詳細を顔認識に応用しています。画像からしわやしみを特定して数値化するものです。

日本の防犯カメラは、500万台に迫るといわれ、これらが犯罪を目撃し、事件の一部始終が事業主の設置した監視カメラで記録されている可能性があるのです。

監視システムの性能の進化は凄まじいものがあります。400メール程度離れた高解像度のカメラでは、ズームアップすると、顔・形がはっきりと映し出され、遠くのカメラからも、あなたは丸見えなのです。

監視カメラでは、顔だけではなく、歩き方、衣服の色や模様で個人を特定して追跡できるのです。

◆防犯カメラの導入が進む

2018年夏以降、首都圏を走るJR在来線・新幹線のすべての車両に防犯カメラが導入されつつあります。

近年、電車内や駅構内でのトラブルはあとを絶ちません。痴漢事件は頻発し、さらに新幹線車両内で殺人事件まで発生しました。こうした動静をふまえれば、互いに見ず知らずの人々が集い、何が起こるか分からない物騒な電車内に防犯カメラを導入することは、鉄道会社が果たすべき当然必要な措置だと受け止められることだと思います。通勤・通学のために日々電車を利用する乗客の多くは、車内での自らの安全・快適が約束されることを期待してカメラ設置を歓迎しているように見受けられます。

一方で、同時に、ＪＲが公表したカメラ設置方針に対して疑問や違和感を投げかける意見もネット上では見られます。そこでは「プライバシーが侵害されるのではないか？」「カメラ設置で痴漢はなくなるのか？」などと、もっともな疑問が提起されています。

イギリスのニューカッスル大学の行動生物学者が実施した有名な「『見られている』が人を変える」という心理実験があります。

大学の共有スペースに誰でも利用できるコーヒーポットを設置し、飲みたい人は隣に置いてある箱に代金を自主的に入れるというものです。ポットを管理する人は、その場にいないので、代金を払わない者もいます。ところが、ポットの上に「目の写真」

を貼ると、支払い率が3倍近くに跳ね上がったそうです。「見られている」と意識するだけで、人は品行方正になると研究者は結論付けました。

たしかに、防犯カメラを導入することで犯罪が劇的に減少し、電車内が誰にとっても安全・安心な空間になるのであれば、それに越したことはありません。現状、既にこれまでカメラはさまざまな場所に設置されてきていますが、それで万事が解決したとはいえません。例えば、現在ではスーパーやコンビニエンスストアに防犯カメラがありますが、それで深刻な万引被害が撲滅されたわけではありません。


現在、進められている電車内への防犯カメラの設置にはどのような意図があり、またどのような課題が潜んでいるのか。次に考えてみたいと思います。

街中や商業施設にカメラが導入される際、それは多くの場合「防犯カメラ」と呼ばれます。なぜならそれは、文字通り犯罪や事件などが起こることを未然に防ぐ（＝防犯する）ことを期待されているからです。だからこそ、治安悪化や凶悪事件の頻発を危惧する世論は、そうした事態を回避し解決するための有効な手段として防犯カメラ設置を支持します。

しかし、最近テレビのニュースなどで報道されるカメラの効用は、それとは異なります。なぜならば、犯罪事件の捜査・解決との関連でカメラの威力が伝えられるとき、そこでは、映像として残された事件現場の様子や被疑者の姿を手掛かりに事件解決＝被疑者逮捕へと至ったことが宣伝されているからです。

もちろん、被疑者が特定・逮捕されること自体は善良なる市民にとって喜ばしいことです。ですが、ここで見落としてならないのは、**最近のマスメディアによる防犯カメラの称賛は必ずしも防犯効果の検証と結びついていない**点です。

メディアと世論が褒めたたえるのは、あくまで犯罪捜査と被疑者摘発におけるカメラの活躍であり、その意味で肯定されているのは**防犯というよりは監視としてのカメラの効用**です。被疑者摘発に意味はあるとしても、ここで称賛されているのは防犯カメラがそもそも目指した犯罪の未然防止とは全く別次元のことなのです。

◆加速する監視社会～マンション建設を反対したら…

この見出しは、２０１９年９月６日（金）の東京新聞の「こちら特報部」（24面、

25面）の見出しです。リード文には、こうあります。

駅やビル、商店街など、どこにでも防犯カメラがあるのが当たり前になった。電車内にも設置されるなど、来年の東京五輪に向けてその流れは加速している。犯罪捜査・抑止などに効果的なのは間違いないにせよ、果たして現状のままでいいのか。ある日突然、自宅の周りに複数のカメラを設置された男性の話から、「監視社会」について考えた。

こちら
加速する監視社会
マンション建設反対したら…
「複数カメラ 生活包囲」
「嫌がらせ意図」業者に賠償命令

2019年9月6日東京新聞
「こちら特報部」（24面）

見出しを紹介しましょう。

「加速する監視社会」

マンション建設反対したら…

「複数カメラ生活包囲」

「嫌がらせ意図」業者に賠償命令

これらの見出しだけで記事の内容も想像できることと思います。記事によると、日照権の問題で反対した住民の自宅に向け、建設現場から防犯カメラが向けられた。計画に反対した人たちへの嫌がらせとしか思えないと。家族以外は、外出するたびに撮影されるのを嫌がり、抗議活動への参加者は減少したそうです。

新聞の次のページの見出しをみてみましょう。

こちら特報部
3億円事件機に
70年代から導入
犯罪捜査に威力
消費行動分析も
国内数百万台
冤罪生む危険はらむ
顔認証 誰もが追われる対象に
映像は個人情報
法整備が必要

2019年9月6日東京新聞
「こちら特報部」（25面）

３億円事件機に７０年代から導入
犯罪捜査に威力
消費行動分析も
国内数百万台
冤罪生む危険はらむ
顔認証　誰もが問われる立場に
映像は個人の情報　法整備が必要

「日本防犯設備協会」によると、防犯カメラなどの映像監視装置の推定売上高は１６７９億円で、最近は、防犯より監視目的が目立つそうです。「留守中のペット、家族の見守り、不法投棄や車へのいたずらの見張りに使う。さらには、商店や飲食店では、消費者の行動と客層の分析に利用している」と記事にはあります。

関西学院大学の阿部潔教授は「防犯カメラの防犯抑制効果はきちんと検証されていない。また、現状では犯罪捜査の手がかりにする『監視カメラ』状態。名前と実際の使い方がずれている」とコメントしています。さらに、カメラの映像と顔認証が結びつくことで、「やましいことがなくても、誰もが追われる対象になる。個人のプライバシーが犯されかねない。顔認証技術は間違うこともあり、冤罪を招く」とし、法整備の必要性を訴えています。

ちなみに、２０１７年の監視カメラの世界総市場規模は、メーカー出荷台数ベースで前年比約１２７・５％の４４００万台（見込）に拡大し、高成長を維持しているようです。特にここ2年は中国市場での拡大により世界市場全体も高成長しています。

監視カメラ世界市場では、２０１８年に５７００万台に達しているようです。

◆防犯なのか？監視なのか？

おそらく多くの人々にとって、犯罪に対してカメラが果たしている役割が、防犯なのか？監視なのか？は、たいした問題ではないかもしれません。なぜなら、どちらの場合であれ、事件を解決し犯人を逮捕する上で効果があるならば、それで十分であり、そんな便利なカメラを使わない理由など、どこにもないからです。

近年さまざまな場所へのカメラ導入は世論に後押しされる形で推奨されていきます。しかし、そもそもカメラを公共の場に設置することの正当な理由を根元から考えようとするならば、カメラが果たす防犯と監視の役割をめぐる違いは重要な問いとなります。

問われているのは、防犯なのか？監視なのか？です。この視点から最近の電車内へのカメラ導入の動きを考えてみると、防犯と監視が混同されていることがわかります。

そもそもカメラ設置で目指されているのは「犯罪が起こらない安全な車内」なのか？「痴漢犯の確実な逮捕」なのか？　無自覚にその両者が同時に追い求められると

き、カメラの設置と導入は無原則に肯定され、どこまでも進んでいきます。

実のところ、この事態は最近の電車内でのカメラ設置によって初めて生じたものではありません。むしろ、ここ20年あまりの日本社会における監視強化を推し進めてきた強力なロジックがそこにあります。

これまで監視社会化に対して、学者・運動家たちはプライバシー重視の立場から異議を唱えてきました。しかし、近年、監視批判派の旗色は悪くなってきています。

ネット上の議論などでは、プライバシー擁護派に対して「そもそも電車内という公共の場にプライバシーなどない！」とか「隠しておきたい、やましいことがあるから、プライバシーを振りかざすのでは？」といった乱暴な物言いが繰り広げられがちです。

近代社会におけるプライバシー権の思想的根拠を正確に理解するならば、こうしたまっとうな論争も可能になります。しかし、現実には、監視が強化される昨今の現状への疑問や批判を主張する人たちには、「きっと隠したい＝やましく感じる秘密があるからプライバシーを盾に監視に反対しているに違いない」とのレッテル貼りがなされてしまいます。

逆に言えば、**「自分にやましいことが何一つなければ、そもそも監視に反対する理由などない」と自らを納得させる**ことで、多くの人々は日常生活のさまざまな場面への監視の広がりを容認しているように見えます。

しかし、ここに大きな落とし穴があります。過去の監視の歴史を振り返ればすぐ分かるように、社会において何が隠すべきことで、人が何に対してやましく感じるのかは、個人が好き勝手に決められることではありません。たとえ、**当人にとってごく当たり前の私的な事柄であっても、時の権力がそれを「けしからん」と見なせば、途端に個人にとって隠すべき、やましい秘密になってしまう**のです。

◆時の権力者の狙い

この世の中において「隠すべき事柄」はあらかじめ決まってはいないのです。怖いのは、それは**時代の趨勢《すうせい》によって、いかようにでも変わる**ことです。

だとすれば、今現在の社会状況のもとで「隠すべきやましいことなど一つもない」

と自信満々に高をくくっている人でも、当人自身は微塵も変わっていないにもかかわらず、いつの日か気がつけば他人に知られては困る隠すべき秘密を持ってしまう可能性はいくらでもあります。

大相撲における野球賭博、暴力的稽古、八百長、プロ野球における野球賭博、スポーツ指導者における体罰、お笑い芸人における闇営業などもそうでしょう。ちょっと前は何でもなかったことが、現在では大問題になっています。そのことへの想像力と自覚を持った上で「隠したいことなどないから、監視強化は構わない」とうそぶくのでなければ、その主張に説得力はありません。

今の日本社会で「2020年東京オリンピック・パラリンピックまでに！」とのスローガンは巷にあふれ、首都圏を走る電車内への防犯カメラの導入も「2020年までに！」と推進されています。

オリンピックなどビックイベントの実施に際して、開催都市・国家の監視対策が一気に高度化する現象は、これまで幾度となく繰り返されてきました。例えば、成田空港や関空空港への顔認証装置の導入は、2002年開催のサッカーワールドカップにおける暴動対策（フーリガン対策）の一環としてなされたものです。

東京大会開催までの残された期間、さまざまな監視対策が「オリンピックでのセキュリティ確保のため！」とのかけ声のもとで一気に推し進められていきます。そして、多くの人々はそれを歓迎するに違いありません。

なぜなら、万全なセキュリティ対策を講じてこそ日本文化の美徳である「おもてなし＝ＯＭＯＴＥＮＡＳＨＩ」を世界に示すことができると考えるからです。

私は、単にそれに反対しているわけではありません。ただ、ビックイベント開催に際して**加速化される監視の真の狙いは、声高に掲げられる目的とは異なる**ところに置かれていることが少なくないのです。

思い起こせば。２００２年日韓で開催されたサッカーワールドカップの試合会場に、あれほど恐れられたフーリガンは結局現れませんでした。その理由は、法務省入国管理局（入管）での水際対策が功を奏したからでしょうか？　おそらく、そうではないと思います。そもそも大会前に宣伝されていた「フーリガンがやって来る！」との報道やキャンペーン自体が、実態とはかけ離れた過剰なものだったのだと思っています。

しかし、興味深いことに、監視を推進する側の人々にとっては、それでも一向に構わないのです。なぜなら、国際空港での顔認証装置の導入が目論んでいたのはフーリガン対策などではなく、当時アメリカ合衆国を中心とした「テロとの戦争」に全面協力すべく出入国管理における監視を徹底することであり、その目標は世論の反対を引き起こすことなくスムーズに達成されたからです。

このように過去の事例を思い返すと、電車内での事件や犯罪への人々の不安と危機感に応える形で現在推し進められている防犯カメラ設置がもたらす社会的影響は、おそらく人々が素朴に感じている以上に広範な領域に及ぶものであることが理解できると思います。

◆無きに等しいルール

電車内をはじめとする不特定多数の人々がかかわり合う「公共の場」におけるカメラ設置の是非が議論されるとき、多くの人はカメラの視線が向かう先を**「私たち」**ではなく**「あの人たち」**と**想定**しがちです。

車内防犯カメラが照準するターゲットは、女性に痴漢行為をする犯罪者や駅職員に言いがかりをつける不届き者であって、善良なる乗客である自分たちではないのです。そう考えるからこそ大多数の人々は、監視強化を肯定し、時に歓迎すらできるのです。

しかし実際のところ、テクノロジーとして作動する監視のまなざしは、すべての人々を平等に見張ります。もしくは、見守る冷徹な装置にほかなりません。車内万引の常習犯も会社帰りのサラリーマンも関係なく、すべての乗客の姿と行動が映像として撮影され、データとして保管されます。収集された膨大なデータがどのようなルールのもとで保管され、何の目的で利用されるのかは、カメラの視線に曝される私たち一人ひとりに必ずしも明らかにされていません。

欧州連合（EU）諸機関では、監視カメラに映像として収められた人の姿を個人情報と位置づけた上で、その保護に関する法制化がなされています。そもそもどのような目的で、誰を対象としてカメラを用いた監視が行われ、そこで得られた映像データは何の目的に使われ、どのように処理されるのか（保存方法・期間や消去方法など）に関しては、個人情報保護の観点からポリシーとして公開されているのです。

こうしたＥＵ諸機関での取り組みと比較すると、現時点の日本での行政や企業によるカメラ設置とデータ処理に関するルールは無きに等しいと言わざるを得ません。官民一体となって防犯カメラの導入がなされる際に掲げられる目的が、本当に果たされているかどうかを検証する上でも、**カメラのまなざしに曝される当事者の権利を盛り込んだ形で、映像データの取り扱いに関する法制定とルールづくり**を進めることが不可欠だと私は考えています。

しかし現実には、データベースと接続された顔認証装置の導入など監視の高度化が急速に進みながら、他方でそのことによって引き起こされるプライバシー侵害や個人データ流用に対する危機意識は必ずしも高まっていません。むしろ人々は、いたるところでカメラに見守られることで得られる利益や快適さを重視しがちなように見受けられます。だからこそ、自分の姿や行動に関わる映像データがどこで、どのように、誰によって取り扱われているのかについて、さほど気にかけないことは珍しくはありません。

こうした監視と私たちの奇妙な関係は、既に日常の一部となっています。インターネットで買い物をし、お気に入りのサイトで最新情報をチェックし、会員制交流サイト（ＳＮＳ）で友達と楽しくやり取りするたびに、ネット利用者は膨大な個人情報を電子空間に残していっているのです。

◆行動が常に監視されている時代

それらすべては、信販会社やマーケティング企業をはじめとする各種のビジネスにとって貴重なデータとして収集・保管・分析・活用されています。しばらく前からビッグデータというはやり言葉が至るところで宣伝されているのは、それがもたらすこれらビジネスチャンスの高まりを背景としてのことです。

ネットをみていると、あなたが検索した品物やキーワードに関する商品の広告がよく出てくることに驚きませんか？　私の好きそうなものの広告がよく出てきます。そんな商品のメールも届くことがあります。

駅構内や電車内といった物理的空間におけるカメラ導入の高まりは、当然ながらこうしたネット空間でのデータ監視と連動しています。例えば、あなたがスマホを手に自らの位置情報を発信しながら目的地へと向かうとき、ネットに残された履歴と駅や車内の至るところに設置された防犯カメラが捉えた映像を照らし合わせれば、あなたという一個人の行動はほぼ完璧なかたちでデータとして第三者に知られてしまいます。

いつ、どこからどこへ、誰と一緒に、何をしながら空間を移動したのか？

これは、スパイ映画や未来映画の中の話ではありません。今後、電車という公共交通機関を用いることで、そうした個人情報を曝し出しながら日々の生活を送ることを私たちは強いられることでしょう。

そもそも「移動する自由」は、「居住、移転の自由」と同様に個人に与えられた基本的な権利であるはずです。どこへ行って、何をするのかは文字通り個人のプライバシーであり、他人から干渉される事柄ではないのです。

幸いなことに、物理的な移動を強権的に制限されることは今の日本社会ではまれです。しかし、ネット空間と現実世界とが地続きとなったＳＮＳ時代を迎え、今後、ビッグデータの必要性と有効性が宣伝されるなか、人々がたどる移動の経路と履歴はデータとしてどこまでも追跡され捕捉される事態を免れません。

２０２０年の東京オリンピック・パラリンピック開催に向けて、電車利用をはじめとする都市空間での人の流れに対する監視が徹底されていくならば、これまで当たり前に享受されてきた「移動の自由」はどのような変貌を遂げていくのか予想ができません。

◆Nシステムとオービス

車に乗っている方なら知っているというか、気になるシステムだと思います。

Nシステムは、正式には「自動車ナンバー自動読取装置」という名称（Nの字はNumber のNからとられています）で、警察が検問の手間を省くために、１９８７年頃から東京で設置し始めた、走行中のナンバープレートを読み取るシステムです。

ナンバープレートを照合することで、犯罪に使われた可能性がある車や盗難車両を探す役割を持ち、ナンバーだけでなくその車の形状や色、運転席や助手席に乗っている人の顔も撮影しています。もし手配中の車と合致した場合、現在地が警察に送信さ

Nシステムのカメラ

れ、追跡のために動きます。データは一定期間蓄積されており、検索することも可能です。そのため、人通りが多いところや犯罪が行われると困る場所、犯罪にかかわる可能性がある場所に設置されています。具体的には幹線道路や高速道路、インターチェンジの出入口、県境、都道府県庁、宗教関連施設、自衛隊の基地や在日米軍関連施設、原子力発電所、空港の周辺に設置されているといわれています。

２０１８年現在では、全国に１５００箇所以上設置されていて、固定されているものだけでなく、可搬《かはん》式（運搬できる）のものもあります。犯罪捜査が目的なので、よほどのことがない限り心配して生活する必要はないといわれますが、使われ方によっては、あなたがいつ、どこに移動したかを知られることにもなります。

オービスといわれるシステムもあります。

Nシステムとオービスの違いは、犯罪の捜査をする目的か速度違反の取り締まりをする目的かどうかという点で異なります。両方とも道路の上から撮影することが多く、システムの機械の形が似通っています。

まずNシステムは通過するすべての車両を対象にしています。撮影時に赤外線カメラを用いているため、光っていても私たちが目視することはできません。

オービスのカメラ

オービスは速度違反を取り締まるために撮影をします。通常の取り締まりの場合、「赤切符」が交付されるような重大な速度超過で光るといわれていますが、明確な基準は公開されていません。

一般的に、一般道で時速30㎞以上、高速道路で時速40㎞以上の超過が該当するとされています。Nシステムと比べると大型の設備になることが多いですが、可搬式のものも導入されているので一概にこのパターンとは言い難いです。可搬式オービスに関しては情報が少ないのが現状です。

Nシステム→犯罪の捜査、通過した車両すべてが対象、予告なし、目に見えない光オービス→速度違反の取り締まり、速度超過した車両が対象、予告あり、強く発光するということです。現在では、おそらくETC（ノンストップ自動料金収受システム）の情報と一体化しています。

また、駐車場の出入りの際、ナンバープレートを読み取って、駐車料金の自動計算、自動精算を行う機器も普及しているので、この情報との連携により、どのパーキングで、どの程度の時間駐車しているのかもわかります。

いずれにしても、監視されているということです。それらの情報は、各警察署に入り、ＳＳＢＣといわれる捜査支援センターと通じて、リレー捜査がなされています。

来るべき未来における「移動の自由」をめぐる技術的かつ社会的条件の変化。そこに潜む課題を**「あの人たち」ではなくほかならぬ「私たち」自身の問題として考える**想像力を持てたとき、日頃ごく自然に受け止めがちな公共の場に置かれた防犯カメラは、これまでとはどこか違った風景として見えてくると思うのです。

◆歌舞伎町に死角なし、犯罪半減

新宿・歌舞伎町の入り口に立つ看板には、中央に防犯カメラが見えます。よろしければ、今度行ったときに、確認してみて下さい。犯罪捜査の現場では、防犯カメラの映像が重要な捜査資料になっています。

警察自身が運用する防犯カメラもあります。犯罪の抑止に有効だとして、２０００年代に入ってから設置が本格的に始まった。例えば日本有数の歓楽街、新宿・歌舞伎町では現在、警視庁が55台のカメラを運用しています。映像は東京都江東区にある警視庁の生活安全カメラセンターに送られ、24時間体制で「不夜城」を見張っています。

この状態を「町にほぼ死角はない。すべてが見えているので屋外では問題を起こせない」と語る人もいます。設置が始まったばかりの15年程前、歌舞伎町で年間２０００件あった刑法犯の認知件数は、違法風俗店などの摘発強化と相まって、今では半分以下の水準で推移しています。今では、暴力団同士のトラブルがあっても、仲間の組員が応援に駆けつけるより先に、映像で異変を察知した警官が到着するそうです。

２０１８年夏に発生した大阪府警富田林署の被疑者逃走事件では、府警は被疑者が映っている映像を公開し、広く情報の提供を求めました。捜査員は犯行現場の周辺を地道に歩き、防犯カメラを設置している商店街や商業施設、民家などから任意で映像の提出を受け、内容を確認しています。

◆公園や住宅街にもカメラ、８割が「安心」

警視庁生活安全カメラセンターでは歌舞伎町を含め、渋谷、六本木など6地区で合約２００台の防犯カメラを運用しています。もっとも、すべての防犯カメラが当初の計画通りに稼働しているわけではありません。

ある県警の幹部は、「繁華街に防犯カメラを設置しても、保守の予算が付かない。現在では多くのカメラが故障したまま放置されている。周辺で事件が発生しても、解決に向けて頼りにならない」と嘆いています。国民の税金が無駄遣いされている箇所もあるようです。数の面でも警察が頼りにするのは、やはり商店街など民間が設置している防犯カメラです。

全国の自治体の多くも、町内会などが設置する防犯カメラに補助金を出します。

三菱電機ビルテクノサービスが実施した意識調査では、「様々な場面で防犯カメラがついていると安心するか」という問いに、8割が「安心する」と回答しています。防犯カメラによって見守られ、犯罪が抑止される安心感があるようです。

しかし、無意識のうちに、自分自身の言動も抑制されます。

住宅街の路上にタバコをポイ捨てしようとしたとき、公園の隅で用を足そうとしたとき……。周囲に誰もいなくても、「目」が視線を向けている。独りになれる場所は減ってきています。

◆監視を受け入れる現代社会

監視カメラが急増している日本でも、多くの国民は黙って、その動きを受け入れているように思えます。監視カメラやANPRカメラ（自動的にナンバープレートを撮影する交通モニタリングカメラ）、さらには監視システムの存在を伝える標識までが見慣れた都市景観の一つになっています。

英国の警官の内**推定15万人がすでにウェアラブルカメラ（身体等に装着しハンズフリーで撮影することを目的とした小型カメラ）を装着済み**で、教師や看護師が装着するのは時間の問題かもしれません。日本でも、タクシーは既に車内用搭載カメラが設置されています。どんどん、カメラ設置が義務つけられていくかもしれません。もしくは、**自己防衛のために設置しなくてはいけなくなるかもしれません。**事実、生保会社や車の保険会社は、交通事故による過失割合は、ビデオの解析ではっきりします。

「あおり運転」の被害時でも、車外カメラ・車内カメラを搭載していることで、あおり運転の事実確認、加害者特定、自分の被害立証には大変役に立っています。ただ同時に、それ以外の時間での、車内での会話、出来事、様子も録画されるのですから、車内はプライベートな秘密のボックスではなくなってしまいます。

監視カメラにはメリットも多くあります。今までは弱者の意見は取り入れられず、一方的な証言のみで責任関係が認定されてきましたが、事故の瞬間を記録するドライブレコーダーは客観的に判断する有力な材料になります。

その他にも、店舗でのモンスタークレーマーによる理不尽な要求に対する抑止効果、確信的万引き常習犯に対する地道な証拠集めによる悪質な犯罪行為の立証、老人ホームにおける入所者転倒事故に対する悪意により転倒させられたのではないかという家族の不信感払拭、本人の認知症などによる意図しない故意の犯罪として扱われる危険の予防、窃盗犯の立証（法人の場合、実際には内部犯行が多い）などにも、その力を発揮します。

室内に設置されているカメラ。カメラがどこを見ているかは分かりにくい。

私の懇意にしているある会社の社長は、店舗・裏口などに、クレーマーの対処、不審者対策などの名目で、社員を納得させ、オフィス内に防犯カメラを設置しました。

カメラは、店舗や裏口に向いていますが、広角、焦点移動・ズームが可能になっており、オフィスの全体を見る（監視）ことができるようになりました。それにより、出張中でも、パソコン一台で、社員の様子をチェックできるようになったのです。

私がみなさんに問いたいのは、**どんな社会で暮らしたいですか？**ということです。誰かが悪事を働く場合に備えて、絶えず互いを監視し、撮影するような社会になってもいいか？と問いたいのです。

観光地に行ったとき、スマートフォンをかざして自撮りしたり、写真を撮る観光客に溢れています。私たちが彼らの写真に入らないように、屈んだり、身をかわしたりしても、やがてそんなことが無意味だと気付きます。私たちは目の前にあるカメラばかり気にしていても、気付いていないところから別のカメラが私たちの行動を記録していた可能性があるからです。

いつでも、どこでも、誰かが撮影しているカメラに写り込む可能性があるとしたら、警察による監視など大した問題ではないのかもしれませんが…。

第三章　警察管理国家の現状～「ＧＡＦＡの恐ろしさ」

◆ネット上の個人データはＧＡＦＡの寡占状態

日本人は「ＧＡＦＡの恐ろしさ」を知らなすぎるのではないでしょうか？

ＧＡＦＡ（ガーファ）は、アメリカ合衆国に本拠を置く、グーグル、アップル、フェイスブック、アマゾンの４つの主要ＩＴ企業の頭文字を取って総称する呼称です。日本においてこの語句は、２０１６年頃より経済産業省の報告書で頻繁に使用されるようになり、２０１８年のユーキャン新語・流行語大賞にノミネートされました。

警察は、監視カメラとスマートフォンを武器に、犯罪者を追い詰めます。街中では多くの「目」が通行人を見張り、オフィス内でも逃げ場はありません。これ自体はいいことです。ＧＡＦＡは私たちの生活のインフラのようなものとなり、私たちのＧＡＦＡへの依存度は高まる一方です。経済産業省が２０１８年11月に公表したオンライン・プラットフォーム（ＰＦ）と取引のある日本企業向けに実施したアンケート調査によれば、ＰＦ経由による売り上げが総売上高の75％以上であると答えた日本企業の割合は４１．６％に達し、さらには、ＰＦ利用企業の６５．２％が、ＰＦと契約していったん販売チャネルの仕組みに組み込まれると、その後異なる経路に切り替えることは困難である、と答えています。

インターネット上の個人データの保有量は、ＧＡＦＡによる寡占状態です。グーグルは検索エンジン市場の世界シェア９２．４％およびＯＳ市場の世界シェア３８．０％（２０１９年３月）、アップルはウエアラブルデバイス市場の世界シェア２５．４％（２０１７年通年）、フェイスブックはＳＮＳ市場の世界シェア６７．４％（２０１９年３月）、アマゾンはＥＣ市場（Ｂ to Ｃ）において米国で３３．０％、英国で２６．５％、フランスで１０．７％、ドイツで４０．８％、日本で２０．２％（２０１６年通年）をそれぞれ占有し、各市場で世界トップシェアを誇っています。

彼らは、私たちにメリットだけをもたらしてくれるわけではありません。私たちは、ＧＡＦＡに対して、「善良でないと知りつつ、最もプライベートな領域への侵入を無防備に許している」のです。

アマゾンは倉庫付きの検索エンジン、そして地球上最大の店舗です。買い物をするとき、人はグーグルでなく、アマゾンで検索をするようになっています。

こんな話も聞きます。アマゾンのアレクサはある時から「他に商品が見つかりません」と答えるようになり、私たちは、アマゾンのプライベートブランドを買うようになっていくと…。

またフェイスブックは、あなたの「いいね」が１５０件わかれば、あなたの配偶者よりもあなたのことを理解し、３００件になれば、あなた以上にあなたを理解できるというのです。これだけの影響力を持つメディアであるフェイスブック、そしてグーグルは、**メディアであることを拒否し、「プラットフォーム」**と呼ばれようとしています。

巨大テクノロジー企業が毎日の生活に入り込み、あなたの心の中まで探ろうとする時代です。

◆知らず知らずに洗脳・印象操作されていっている？

物事をネットで調べる、という人は多いのですが、調べているとあなたが興味のある関連の記事が次々と出てきませんか？　それは、**見たいものしか見ないこと**につながり、検索企業（例えば、グーグル）のアルゴリズムで更に関連サイトが紹介され、益々それが真実だと思い込み、思考が偏っていくことにつながります。ある意味、一種の洗脳の流れになります。そうすると、人々は完璧にＧＡＦＡたちに洗脳されていっていることになります。

テレビ・新聞・書籍と違って、自分からネットを見ているから「調べた！」って思っていても、**偏った記事ばかりみて、調べたつもりになっている**かもしれません。極端な言い方をすると、警察管理国家がいいと思っている人は、ますます良いと思い、悪いと思っている人は、ますます悪いと、思い方が偏っていくのです。

ネットで調べたことは、全てが事実ではない、と思った方がいいです。新聞やマスコミも同じですが…。

近い将来、グーグルは、人々の検索履歴から犯罪予測さえも行えるようになり、まるで、映画『マイノリティ・リポート』のようになりえるのです。

素朴な疑問ですが、これだけ科学・技術が最先端で発展している日本のなのに、日本の大手インターネット企業が一度も登場してこないのは、なぜでしょうか？

◆映画『マイノリティ・リポート』の世界

私の好きな映画の一つ『マイノリティ・リポート』について、少しお話したいと思います。

犯罪が予知できる近未来に、殺人犯になると予知されたトム・クルーズ演じる刑事が犯罪予防局の手から逃げる姿をアクションを入れながら描いた作品です。

Allcinemaの「解説」にはこうあります。

西暦2054年、ワシントンDC。政府は度重なる凶悪犯罪を防ぐ策として、ある画期的な方法を採用し、大きな成果をあげていた。それは、「プリコグ」と呼ばれる3人の予知能力者によって未来に起こる犯罪を事前に察知し、事件が実際に起きる

前に犯人となる人物を捕まえてしまうというもの。ジョン・アンダートンはその犯罪予防局のチーフとして活躍していた。しかし、ある日、ジョンは自分が３６時間以内に見ず知らずの他人を殺害すると予知されたことを知る。一転して追われる立場になったジョンは、自らの被疑を晴らそうと奔走するのだが…。

劇中で、指揮者のように空間で手を動かすことで自在に操作できる映像ソフト、磁気で浮く完全自動操縦の車（マグ・レブ）、クリスタルメディア、警察用ジェットパック、音声を認識する家具…と、スティーヴン・スピルバーグ監督らが想像した近未来の科学が詰め込まれています。登場する技術は「夢のような遠い存在」ではなく、今の生活の延長線上にある「将来開発されうるもの」かのように想像が膨らみます。

映画「マイノリティ・リポート」のポスター

この映画は２００２年の作品ですが、その当時なかったものが現在では当たり前になっています。そして２０１９年の今は既にその52年の三分の一の時間が経過して、本作で提示された未来の世界の技術は部分的にもう現実化・日常化してきています。

映画では未来的に映っていた網膜や虹彩といった瞳を使った生体認証は、スマートフォンのロックシステムにも取り入れられるような身近な存在になり、個人に向けて展開される広告はインターネットを開くたびに常に味わえるようになっています。犯罪予知システムに関しては、過去の犯罪履歴などのデータを基に危険人物を予測するソフトウェアをロンドン警視庁やマイクロソフト社が開発中と報じられています。タッチデバイス（触ることで操作する機器）へのジェスチャー操作はスマートフォンでは、もう日常です。虹彩認証どころか顔認証システムで雑踏の中で個人を特定できる仕組みはもう普通にチェーン店に入っていて、お得意様やクレーマーの来店のアラートを店員に知らせています。さらにアマゾンゴーの店では顔認証でレジなしになってさえいます。

街中にある防犯カメラで犯人を追跡するのは当たり前、さらに、ネットを検索していたら自分の興味にターゲティングされたワン・ツー・ワン・マーケティング（特定の顧客に１対１で対応し、客に合せた商品やサービスを提供し、顧客一人一人のニーズに個別的に対応することで持続的な関係を保ち顧客シェアを獲得しようとする市場戦略法）の広告が出るのも、もはや当たり前のことです。ニュースも自分向けにカスタマイズされて、配信されて動画でも提供されてきます。これらの技術はこれからも進化し続け統合されて、本作で示されたような社会は訪れるのではないでしょうか？

問題は「犯罪予知」です。そんな荒唐無稽なことは、ＳＦ小説や映画だけの話？だと思っていいのでしょうか？　日本でも、過去の犯罪発生データを分析して、いつどこでどのような事件が起こりやすいのか予測して、警官を事前に近くで待機させる仕組みが既に効果が出ているといわれています。

隣の国では、これらの技術をさらに組み合わせて個人を管理しています。日頃のＳＮＳの言動、検索履歴、位置情報、行動パターンから思想信条を分析し、政府が問題視すべき個人を何億人がいようと人工知能がそれをあぶりだすのです。

政府に都合が悪いような何らかの行動を取ろうとすれば、それを予測して、正に本作の犯罪予防局のように公安部や生活安全課が出動するのです。

それが証明されたのが、先日（２０１９年7月15日）、札幌中央区で行われた安倍晋三首相の参院選の街頭演説の際、演説中にヤジを飛ばした市民を北海道警の警官が取り押さえ、演説現場から排除され拘束したという前代未聞の事件です。

このヤジの内容、この排除行為の是非はここでは論じませんが、ここで注目したいのは、**この拘束を警察が瞬時にできたという事実**です。

最初に排除された男性市民は安倍首相から２０ｍほど離れたところから、「安倍やめろ、帰れ！」と叫んだところ、警官が男性を取り囲んで、その場から排除し、その後、別な女性市民に対して警官は2時間以上も尾行、つきまとったというのです。また「増税反対」と叫ぶ女性も、後方から警官が抱きかかえるように聴衆から引き離されたといいます。

ある方に聞いたところ、「これは道警だけでは判断できないし、動けない。警察庁からの指示があった。予め、ヤジを飛ばしそうな人がマークされていて、その周りに私服警官がいて、その周りに警察官が待機していた。ヤジった瞬間に連れ去られた。それでなきゃ、すぐにたくさんの警官が駆けつけられません。マークされたら、どうにでもされる。その気になったら、カッター持っているだけでも、ひっぱれる」

常日頃、そういう人をマークしていて、顔認証などのシステムに登録して、千歳空港に降りたという情報を入手して、それを道警に伝えて、道警が対応したというのです。首相の選挙演説ですから、道警だけでは判断できない、警察庁などから指示があったようです。

今回の場合は、ヤジを飛ばすまで待っていましたが未然に防止しようと思えば、その個人は未然に拘束され、収容所に入れてしまえばいいことになります。それはもう始まっており、さらに技術を洗練しようとしているのです。顔を見えないよう隠したとしても歩き方だけで個人識別できる技術もあるのです。

そもそものデジタル記録を削除したり、書き加えることで、その人の思想や人格が印象操作できることを危惧し、具体的イメージを映像で表現したのがこの作品です。

これからの時代、21世紀とはこういう時代になるのだとの予告だと私は受け取っています。本作の提起する問題は重要性を増して、具体的な危険となり、緊急性を帯びてきていて、もう絵空事ではなく、本当に実現してしまう時代になってきています。さらに、これはマイノリティリポート(少数報告)ではないのです。

◆映画『エネミー・オブ・アメリカ』の世界

もう一つ、このテーマになったとき、必ず思い出す映画に『エネミー・オブ・アメリカ』があります。これについても、少しお話したいと思います。

テロ防止法を巡る暗殺事件の証拠となるビデオを偶然掴んだ弁護士が、事件の首謀者である国家安全保障局（ＮＳＡ）の高官に追われることになりますが、その陰謀に挑んでいく、監視社会の脅威を訴える作品です。

映画「エネミーオブアメリカ」のポスター―

Allcinema の「解説」にはこうあります。

弁護士ディーンはある日、本人も気づかないままに暗殺事件の証拠を手にしてしまう。事件の首謀者は、ＮＳＡ（国家安全保障局）の行政官レイノルズ。ＮＳＡは最新鋭のテクノロジーを駆使した隠蔽工作を開始し、ディーンを証拠と共に抹殺しようとする。愛する妻の信頼と職業上の成功を失い、犯罪者の濡れ衣まで着せられ、追いつめられるディーン。孤立無援の彼は元諜報工作員ブリルを味方につけ、全能の監視追跡システムを操る巨大な敵を相手に、反撃を開始するが…。

この映画は、情報化社会のプライベート監視法案というありそうな設定でアメリカの監視部門NSAに関与する政治家が反対勢力の政治家を抹殺します。野鳥監視する人がうっかりその映像を撮影し、それをタレ込もうとしますが、諜報機関であるNSAに突き止められ、追われ、逃亡中に死亡します。その逃亡中に友人である主人公弁護士に映像のメディアを託しますが、その事も発覚し、主人公のウィルスミスが逃亡します。

NSAの通信衛星や盗聴・盗撮のハイテクに圧倒されます。これが1998年の作品ですから、最新の技術はもっとすごいことになっています。

超・監視社会への警鐘の内容。日本もこうなりつつあるということです。

プライバシー保護は国家に危険だということになるのは怖いことだと思いませんか？　日本で、テロ対策といわれて、単純に納得する無知な国民には、私はなりたくありません。この20年で、町中に監視カメラが設置され、指名手配犯などは、かなり早く捕まるようになりました。言い換えると、20年前から技術的にはこんな監視ができたということです。

◆図書館利用情報、令状なしで警察に提供していいの？

この小見出しは、２０１９年８月22日の東京新聞（朝刊26面、27面）の「こちら特報部」の見出しです。

リード文には、こうあります。

鹿児島県内の４公立図書館で、警察の「捜査関係事項照会」に応じて、図書館の利用情報を提供していたことが分かった。誰が、いつ、どんな本を借りたかは、憲法が保障する「内心の自由」につながるプライバシー情報。それを、利用者本人が知らないままに、裁判所の令状に基づかずに警察内部の決裁で出せる「照会」で出してしまってよいのか。

見出しを紹介しましょう。

図書館利用情報　令状なしで警察に提供していいの？
鹿児島の公立４館「任意」で応じる
憲法の保障「内心の自由」を侵す恐れ

これらの見出しだけで記事の内容も想像できることと思います。記事によると、警察の任意「捜査関係事項照会」に応じて、氏名・貸し出しの年月日を伝えたが、書名については、「何を読むかはその人のプライバシー」とのことで黒塗りにしたそうです。

こちら特
図書館利用情報
令状なしで
警察に提供していいの？
鹿児島県内の４公立図書館で、警察の「捜査関係事項照会」に応じて、図書館の利用情報を提供していたことが分かった。誰が、いつ、どんな本を借りたかは、憲法が保障する「内心の自由」につながるプライバシー情報。それを、利用者本人が知らないままに、裁判所の令状に基づかずに警察内部の決裁で出せる「照会」で出してしまってよいのか。（大野孝志、安藤恭子）
鹿児島の公立４館「任意」で応じる
憲法保障「内心の自由」を侵す恐れ

2019年8月22日東京新聞（26面）

新聞の次のページの見出しをみてみましょう。

「ケースバイケース」各館ばらばら
「礼状必要」
「照会」で応じていいのは　人名や
財産への危険　明白な時だけ

件数公開で運用透明化を
１００館以上が警察に提供

日本図書館協会の調査によれば、捜査機関から「照会」されたのは、９４５館のうち１９２館と全体の２割をして、そのうち半数の１１３館が求めに応じました。

こちら特報部
「照会」で応じていいのは
人命や財産への危険
明白な時だけ
「ケース・バイ・ケース」各館ばらばら「令状必要」
100館以上が警察に提供
件数公開で運用透明化を

2019年8月22日東京新聞（27面）

かつて治安維持法では、捜査対象者が読んだ本や雑誌を調べる「思想掛検事」という役割がありました。

現代でも、書名や個人の知的水準や趣味嗜好を知る手掛かりとなります。事件解決のために、図書館の情報提供が必要な場合もあります。ただ、礼状もなく、運用のルールもないまま、その情報が警察に入手されている現実があるのです。そのことの問題点をこの記事は指摘しているのです。

図書館の貸し出し記録、レンタルビデオ、ポータルサイトでの購買記録、検索記録など、全部情報が管理され、その人の思考、嗜好、趣味などが、勝手に想像され、イメージされていきます。そして、それがマスコミを通して社会に流され、さらにＳＮＳで拡散され、**勝手に実像とは違う人間性としてレッテルを貼られていった**事例を私はそれなりに見てきました。

◆急激に増えた電子決済「〇〇ペイ」

「〇〇ペイ」と呼ばれるような電子決済サービスの会社が乱立しています。一体いくつあるのでしょうか？

お店をやっている人なら分かると思いますが、あちこちの会社や代理店から「うちのサービスを導入してほしい」と営業電話がかかってきます。

少し前なら、決済サービスごとにカードの読取端末があって、そこでカードを入れて、暗証番号を打って決済していました。今でも、そういうお店もありますが…。でも、最近はスマートフォンで、QRコードを読み取らせるシステムが増えて、乱雑さは軽減されてきています。

ユーザーからしたら、スマートフォンだけ持っていればモノが買えて、キャッシュバックやほぼそのままお金として使えるポイントが貯まったりして、便利なものです。

しかし、私のまわりの個人経営のお店をやっている人たちの話を聞くと、今のところ、彼らはあまり積極的ではありません。

※私が確認できた、今ある〇〇Pay

PayPay
楽天 Pay
LINE Pay
ORIGAMI Pay
d 払い
auPAY
GooglePay
ApplePay
Amazon Pay
QUICPay
セブン Pay
ファミペイ
ローソンペイ
&Pay
TakeMe Pay
QUO カード Pay
はま pay
YOKA!Pay
みずほ Wallet
Pay ID
pring（プリン）
pixiv Pay
Paypal（ペイパル）

現金は現金で、用意するのは結構な手間がかかります。そして、両替して小銭を用意するのは無料ではないのです。2019年から銀行では、両替にも手数料が掛かるようになりました。５００円玉を１００円玉5枚に両替するには、手数料５４０円がかかる時代です。キャッシュカードを持っていれば無料ですが、それも「10枚まで」です。毎回が10枚の両替で済むわけありませんよね。

だから、電子決済に移行した方がよさそうですが、たとえばクレジットカードは、店側が手数料というものを3～7％前後カード会社に取られます。

１００円、２００円の商品を売っているお店なら、「そんな小さな個々の会計を保証してくれなくていいから、現金で払ってほしい」と当然考えます。そのため「カードのご使用は○千円以上からでお願いします」というところもあります。

ところが、最近の電子決済サービスの中には「決済手数料０円」というものもあります。彼らは、なぜ、０円でいいのでしょうか？　電子決済サービス会社は、個人データを集めて、解析可能なビッグデータにして企業に販売するのが目的だからです。お客さんと店の間の買い物（取引）の間に割り込んできて、手数料を店から取り、お客さんからはデータを取り、それを企業に売ってまたおカネを取るという仕組みなのです。ですので、ユーザー獲得競争が熾烈で、お客さん（消費者）にはキャッシュ

アプリで一杯になるスマホ画面

バックなど様々な派手な施策が行われているのです。

何社かを導入すると、結局、スマートフォンのアプリは、決済アプリで一杯になり、どの会社では払うのがいいのか、分からなくなります。お店からすると、見えるところに置かないといけないので、レジ前がＱＲコードだらけになってしまいます。

今は、**ビッグデータを獲得したものが世界を征する時代**です。

◆国を滅ぼすスマートフォン

「キャッシュレス時代」などと、キャッシュレスを推奨するような動きがあります。政府挙げてのキャッシュレス化推進です。私は、便利だからよい！とは一概にはいえません。しかし、現実社会、カード類なしに生活することも大変困難な時代です。カード類は、その功罪を知った上で、自分にあった使い方をしてほしいと思います。
キャッシュカード、パスモ、レンタルビデオ、図書館の貸し出し記録、ポータルサイトでの購買記録、検索記録など、全部情報が管理され、その人の思考、嗜好、趣味などが、勝手に想像され、イメージされていきます。そして、ＡＩによって、人間性としてレッテルを貼られていくのです。

さらに、こんなことはなかったでしょうか？
・子どもが学校に入学する前に、机や教材や塾からのＤＭが届いた、
・親が他界した時に、デパートの引出物などのチラシのＤＭが届いた。
・子どもが高校に合格したら、自転車店からＤＭが届いた。
・子どもの七五三のときに、写真館からＤＭが届いた。

これらは、個人情報が売買されていることの証拠です。引出物の事例は、病院か葬儀会社の情報がデパートに流れていたのです。

仮想通貨も気を付けたいものです。ここでも情報が抜かれています。これは、中国のドルを抜きたかったのですが、中国に気付かれて、売買に規制が入り、日本の現金やタンス預金を抜くのが狙いに変えたという人もいます。日本は何も規制がなかったので、高騰したし、次々出てきています。利益を得た人もいますが、その分損失を出した人もいます。

現金にする場合など、交換所を利用しますが、交換所の情報が漏れたり、国家に抑えられなければいいのですが、正直将来的に、その辺はどうなっていくのか分かりません。

２００５年（平成17年）の阪神淡路大震災のときに、パチンコ屋が出玉の管理に使っていたカードのブラックボックスが壊れたそうです。そのとき、マニアといいますか、システムに詳しい人がそのシステムを解析しました。そこに反社会的団体などが目をつけ、磁気を操作し、偽造カードが大量に出回ったそうです。同じシステムだったので、偽テレフォンカードも出回わりました。上野公園など、外国人があちこちで販売していたのは、それです。

こんなことが絶対起こらないと断言することはできないと思います。この世界は、ブラックハッカーとホワイトハッカーのいたちごっこです。**情報を悪用すれば、何でもできる社会**になっているのです。

カードの他に、私たちのほとんどは、携帯電話を持っています。携帯電話を携帯することは危ないと思いませんか？　今の機能では、**実印と通帳と財布を持って歩いているよう**なものです。

自分だけは自由だと思っているかもしれませんが、そんなことはありません。あらゆる情報が携帯に入っています。預金、病歴、交友関係など全部管理されることになります。さらに、自分の行動や自分の観たモノ、プライベートなどを絶えず写真や動画にして共有します。現代はそんな風潮があります。それを簡単にしたのが、携帯電話であり、スマートフォンです。今の日本人は、**写真や動画を撮られることに驚くほど無頓着**です。

私たちの携帯電話には、自分の生活が丸ごと記録されていることがあります。もう、秘密なんて存在しないのではないでしょうか？　私たちは、それが現実になりつつ世界に暮らしています。

ワイドショーでも、読者の撮った画像や映像が流れます。誰もが絶えず、他人の私生活をのぞき見し、自分の私生活を見せびらかします。そんな社会は、息苦しくないのでしょうか？

リア充（現実の生活が充実している者を意味する）と称して、フェイク投稿をする人もいます。張り合いのある職業に就き、独身者は恋人に恵まれ、妻帯者は暖かい家庭を築き、ランチや週末を一緒に楽しめる友人が多いという人間を演じるために、インスタ映えのためのレンタル恋人・レンタル友人のアルバイトもあります。今の時代、誰かと繋がっていること、画像や映像や自分をさらけ出すことが良いと考えている人もいます。

しかし、映像や画像だけでは、言葉に込められた微妙な意味合いがなくなり、見えるモノがすべてになって行くような気もします。「自尊心」のような概念は画像検索しても出てきません。それをどう説明するのでしょうか？　抽象的な事柄は、説明できなくなり、人生の機微《きび》は失われてしまうのではないでしょうか？

私たちの世界は既にそうなっているのでしょうか？　政府が強制したのではなく、私たちが**自らを「恒常的な監視状態に」追い込んでいる**人もいると思うのです。

◆鉄格子のない拘置所

今の人は、分からないことがあると、直ぐに携帯やスマートフォン、ＰＣで検索します。そして、検索すると直ぐに出てきます。

一つ気になるのが、**「フェイク情報」や「フェイクニュース」**です。「フェイクニュース」という言葉がトランプ大統領就任後、取り沙汰されるようになってきました。(余談になりますが、ある人が「トランプ氏は、ビジネスマンで政治信条がない。貧乏人と商売人は政治に口を出しちゃいけない。今の政治家は、昔と違う。昔の政治家は、日本の国のことばかりを考えていた」と言っていました)

携帯電話やスマートフォンは、確かに便利ですが、便利なようで、実は**スマートフォン一つで私たちは管理されている**のではないでしょうか？

直ぐに検索できるので、勉強しない子どもが増えてはいないでしょうか？　今は、パソコンを使えない大学生、レポートや論文を書けない大学生が増えているそうです。すべて、スマートフォン内で解決させるそうです。

マズローの欲求の7段階説は以下のとおりです。

1　生理的欲求（食物、水、空気、性等）
2　安全の欲求（安定、保護、恐怖・不安からの自由等）
3　所属と愛の欲求（集団の一員であること、他者との愛情関係等）
4　承認（自尊心）の欲求（有能さ、自尊心、他者からの承認等）
5　認知の欲求（知ること、理解すること、探求すること）
6　審美的欲求（調和、秩序、美の追求）
7　自己実現の欲求（自分がなりうるものになること）

これは、後半は人間だけがもつ欲求です。7番目の自己実現の欲求を満たすために、必要なものは何でしょうか？

「体力」や「経済力」などを挙げる方もいるでしょうが、今は「情報」になってきています。

その基本となる、個人の情報のすべてに近いものがスマートフォン一台に詰め込まれているとしたら、怖くないですか？　携帯をなくしたり、盗まれたり、情報を改竄されたり、使えなくなったとき、どうするのでしょうか？

スマートフォンをここまで便利にしなくてもてもいいと思うのは、私だけでしょうか？

ここで、フェイクニュースに引っかからない、洗脳されない情報で印象操作されにくくなる方法を一つ紹介します。

例えば、「警察管理国家」の是非を知りたいとします。

1、「警察管理国家」「警察」「管理国家」「監視国家」「監視カメラ」等のキーワードで検索し、賛成派意見、反対派意見を読みます。両論の概要を理解します。

2、世界の動向の概要を調べます。このキーワードの場合、アメリカ合衆国、イギリス、中国あたりになります。

3、「管理国家」「監視国家」「監視カメラ」の歴史を調べます。
4、「警察管理国家」にすることで、利益を得る者と損をする者が誰かを調べ、考えます。
5、4の関連で、お金の流れを調べます。誰が出しているか?誰が株主なのか?など。
6、図書館に行って。賛成派の本と反対派の本を2冊ずつ、関連する興味を持ったキーワードについて詳しく書いている本を3冊程度借ります。書籍はブログなどとは違い、執筆者が明らかであり、記述内容に責任を持ちます。さらには、出版社の校閲や校正もあるので、その内容の信頼度は、ある程度高いと思います。

これくらいすると、だいたいのことが分かります。その上で、ニュースや先の検索した内容を読み直すと、わざと触れていない点の有無、浅い考察しかしていない人や、偏った意見の人が見えてきます。

その上で、自分はどう思っているかを検討すれば、フェイクニュースに振り回される確率は、相当軽減されます。

いわゆる「ゆとり教育」が本格的に始まったのは1996年からですが、その世代の人たちの中には、必要最小限の情報だけでいいと思う人たちがいますが、それは、**正しい情報であるという前提の上に成り立つ**ことです。偏った、少ない情報で何かを判断するとき、人はかなりの確率で判断を誤ります。

例えば、正しい思う情報を4つ選ぶとして、10しか情報を得ていないで、その中から4つ選ぶのと、100の情報を得ていて、その中から4つのことを選ぶのとで、同じ4つになるでしょうか？　もちろん、この100の情報が偏っていないという前提になりますが…。間違えさせたいのであれば、偏った100の情報を与えれば、事実は正しくはないとしても、本人はそれが本当に正しいと思って4つを選択します。少ない情報、偏った情報を元にした判断は、誰もがかなりの確率で誤ることが多いのです。このことを例えて、「囚人は、必ず判断を間違える」という人もいます。

現状を考えると、私たち日本人は、**偏った管理・監視者にとって、都合の良い情報しか与えられない「鉄格子のない拘置所」**にいるようなものではないでしょうか？

◆国を思う人が、良くも悪くも国を守る！

ここまで読んだ方で「話として分かった。では、いったい誰がバックにいるのだ？誰が黒幕なのだ？」と疑問に思う人がいることでしょう。

「陰謀論」を語る人は、固有名詞を上げたり、ある一族や会社の名前を挙げたりするでしょう。もしかしたら、本当はそうかもしれません。でも、その世界は、一般市民の私たちには太刀打ちできない世界です。自分たちが関与できる範囲で、誰が警察管理国家を作っているのか？　誰が監視社会を作っているのか？です。

これには、２０１９年に封切された映画『新聞記者』を観てもらえると、そこにヒントがあると思います。一人の新聞記者の姿を通して報道メディアは権力にどう対峙するのかを問いかけます。政権がひた隠そうとする権力中枢の闇に迫ろうとする女性記者と、理想に燃え公務員の道を選んだある若手エリート官僚との対峙・葛藤を描いた作品（フィクション）です。

公式ホームページの「ストーリー」を紹介します。

あなたは、この映画を、信じられるか！？

東都新聞記者・吉岡（シム・ウンギョン）のもとに、大学新設計画に関する極秘情報が匿名ＦＡＸで届いた。

日本人の父と韓国人の母のもとアメリカで育ち、ある思いを秘めて日本の新聞社で働いている彼女は、真相を究明すべく調査をはじめる。

一方、内閣情報調査室官僚・杉原（松坂桃李）は葛藤していた。「国民に尽くす」という信念とは裏腹に、与えられた任務は現政権に不都合なニュースのコントロール。愛する妻の出産が迫ったある日彼は、久々に尊敬する昔の上司・神崎と再会するのだが、その数日後、神崎はビルの屋上から身を投げてしまう。

真実に迫ろうともがく若き新聞記者。「闇」の存在に気付き、選択を迫られるエリート官僚。

二人の人生が交差するとき、衝撃の事実が明らかになる！

現在進行形のさまざまな問題をダイレクトに射抜く、これまでの日本映画にない新たな社会派エンターテインメント！あなたは、この映画を、信じられるか。

ネタバレになるので、あまり書きませんが、日本は官僚国家で総理が誰であろうが「俺たちが国を守る」と思っている人たちがいます。政権に忖度する官僚。政権を守ることが国を守ると考える内閣情報調査室の人たち。国家権力による隠蔽に加担します。官僚の中にも、国を思い、いくら何でもそれはいけないと内部告発をします。スクープとして真実を報道するか、政府に忖度して真実を報道しないか、その選択をしなければならないマスコミ。最近マスコミを賑わせた事件を彷彿とさせる設定になっています。

映画「新聞記者」のポスター

何といっても、良くも悪くも**日本の国は官僚支配**です。大化の改新以来、日本は程度の差こそあれ、基本的には官僚支配の国です。そして、歴史的にみると、告発は、内部からの情報漏えいが大部分です。しかし、一旦は漏洩しても、もみ消されたり、関係者は自殺に追い込まれたり、圧力に屈したりしていることも多数あります。

映画の中で描かれていましたが、**「情報を左右させる人」**と**「情報に左右される人」**がいます。その情報操作、もしくは印象操作に使われるのが、マスコミであり、フェイクニュースであり、ＳＮＳであり、書き込みなのです。

国を守るために隠蔽するのも、告発するのも、官僚なのです。どちらが正義なのでしょうか？　それは読者に委ねるしかありません。第１章で紹介したスノーデン氏は、正義なのでしょうか？　それとも不正義なのでしょうか？

日本の場合は、官僚を支配している（官僚の世界では、官僚のトップ中のトップは財務省です）のは、東京大学（東大）派閥です。大きく分ければ、東大とそれ以外の大学に分けられてしまいます。それ以外の中で、大学別の派閥があるだけです。

東大出身といっても、さらに出身高校別で分けられています。開成高校、麻布高校とそれ以外です。学閥的にいうと、「開成中学↓開成高校↓東大↓財務省」が最高のエリートということになります。

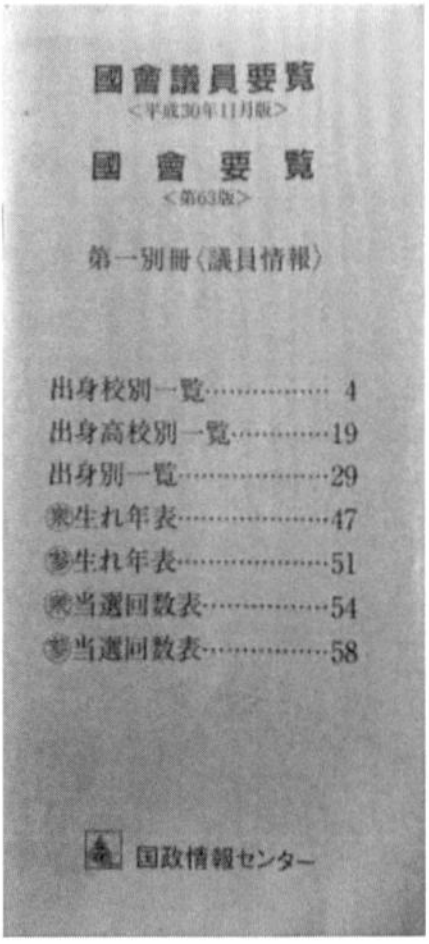

國會議員要覧
＜平成30年11月版＞
國會要覧
＜第63版＞
第一別冊〈議員情報〉

国政情報センター

別冊『国会議員要覧』

確かに、東大派閥は力があるのですが、忘れてはいけないのが高校派閥です。東大でも、高校が違うと、違う派閥になります。そのためか、『国会議員要覧』には、大学別、高校別一覧も掲載されています。私は、使用頻度というか、重要なデータから前のページに置かれると考えるので、明らかに出身大学が一番で、出身高校が2番、3番目に出身地となります。

昔は別として、昨今の彼らの多くは、受験勉強でパターンを習得し、それを覚えてきた人たちです。

私は大手進学塾で講師をしていたこともありますが、その教え子たちの中にこのコースに入り、官僚を目指す塾生が何人もいました。彼らは、「東大に入って官僚になって、日本のために貢献したい！」と真顔でそう言い、必死に回答パターンを覚えていました。彼らはこうも言っていました。

「初めて見る問題は解けないかもしれないけど、一度でも出た問題は回答パターンを覚えているので絶対解けます。どのパターンで解けばいいのかを一発で分かると時間があまるし、パターンが分かるのに時間がかかると回答時間がかかります。時間をもらえれば、絶対に解けます」

そして、私たち講師は、ありとあらゆる回答パターンを、毎週毎週ひたすら教え、彼・彼女らは、それをひたすら覚えていくのです。

ですから、彼・彼女らは、ある意味、管理されて育った人たちです。そういう人たちが、社会に起きる枠外のこと、つまり、パターンに当てはまらないことには、対応できるのか心配になります。**管理された中の自由・正義を求めていないか**が心配になります。

彼・彼女らも、愛国精神に変わりはないのです。彼らが、素朴な愛国者で、政府の実態を見て、国民のために告発する意思があるのなら安心ですが…。

現状を観て、「真の愛国者だからこそ、この間違った行為が許せない！」という人たちであってほしいものです。

20年前に聞いた、「これからは、日本は警察管理国家にしなくていけない」という警察出身官僚の言葉は、警察出身の議員が、件《くだん》の警察官僚に踊らされ言ってしまい、それが現実のものになったと思っています。

第四章　超・監視社会～どんな社会で暮らしたいか？

のように映ります。

◆監視は止められるのか？

市民の自由を擁護する人々の目には、監視技術の急速な進歩は、暴走する高速列車のように映ります。

20年先を考えてみましょう。その頃には、現実社会にデジタル情報を重ねて表示できる仮想現実（ＡＲ）が私たちを取り巻いているでしょう。例えば、講堂内に設置された１００台の監視カメラで、学生がスマートホフォンを打ち込む内容までチェックできるでしょう。もちろん、パスワードも読み取れます。

私たちは、こうした状況にどう対処すればいいのでしょうか？

監視技術の使用が禁止されたり、抑えられたりすることは想像しがたいです。強力な監視技術が使われるのなら、政府はそれと同程度に強力な安全策を講じる必要があります。規則が不十分なままで、民間企業が監視技術をどんどん進化させることには、危うさを感じます。

現在、地球上の全陸域を毎日モニターできる時代です。受信した画像は、刻々と変わりつつある地球の姿を私たちに伝えてくれています。原野は形を変え、川筋は変わり、木々は倒され、建物が次々と建っていく。森林面積がどの程度減ったかを数字で示すのではなく、緑が消えていく画像を観れば、人々の心を動かすことができます。

こういう使われ方は、大歓迎です。

◆全地上を監視

視点を拡げてみてみましょう。

現在、地球では、回軌道上で運用中の人工衛星で、搭載されたカメラで1秒間に2回の撮影ができ、条件が整えば、全衛星を使って、地球の陸域はすべてを一日で撮ることが可能です。

ということは、人の動き、車の動きなど、日々の変化を世界中のどこの場所でも撮影できるということです。国家による監視は、個人の内部に踏み込むほど強力で、国家は私たちが思いがよらない程、多くの情報を結びつけることができます。

衛星画像は、色々な使い方をされます。民間衛星画像配信会社のマーケティング担当は、衛星画像に興味を持ってくれる顧客の開拓に余念がありません。

例えば、保険会社は、洪水で住宅が受けた損害を知りたがるでしょう。ノルウェーの研究者は氷河を示す画像を求めるかもしれません。しかし、どこかの国の独裁者から反乱軍の動きを追跡したいという依頼を受けたらどうするのでしょうか？

そんな場合に備えて、各社は倫理ガイドラインを設け、画像を悪用することを断ることができるようにしているようです。しかし、追随する会社が同じようなことをする保障はありません。新規参入組は、さらに解像度を上げて、個人や組織の秘密にも踏む混む画像を撮影しようとするかもしれません。

国家より、民間会社の方が運用が多く、多国籍企業となったら、政府の規制も通用しません。

◆検察が顧客情報を捜査令状もなく入手していた

第1章で紹介した「悠仁さま刃物事件」の後、共同通信社会部取材班が、最高検察庁が保管している「捜査上有効なデータ等へのアクセス方法等一覧表」の存在をスクープしました。明らかになったのは、最高検察庁が作成した「捜査上有効なデータ等へのアクセス方法等一覧表」という内部資料で個人情報を保有する企業など約290団体から、公共交通機関や商品購入の履歴、位置情報など約360種類もの個人情報の取得方法、留意点がまとめられています。大半の情報は、裁判所などの外部チェックを受けず、捜査令状を必要としない「捜査関係事項照会」で入手できると明記していました。

これにより、検察当局が、鉄道や携帯、クレジットカードなど民間企業や団体が管理する顧客情報を捜査令状もなく入手していることが判明したのです。政府は、消費増税後の9カ月間、キャッシュレス決済には還元措置をもうけるなどカード化やデジタル化を推進していますが、秘密保持が前提である個人情報が本人の知らぬ間に第三者（捜査機関）の手に渡り、買い物記録や会話まで個人の私生活を自由にのぞき見できる仕組みづくりがつくられていたことが判明したのです。個人情報保護法など表向きは厳格なプライバシー保護を装いながら、裏では国民を「丸裸」にする監視体制作りが進んでいるのです。

入手できる情報は、住所・氏名・生年月日・電話番号のほかに利用履歴、店舗利用時の防犯カメラ映像、ＪＲなどの鉄道会社からは、定期券の内容、ＩＣカードのチャージ金額や移動範囲を示す利用履歴などが入手対象となり、電子マネー、ポイントカード、クレジットカード会社からは、預貯金残高や銀行口座、利用履歴にいたる個人の信用情報のほとんどが入手できる。携帯会社からは、通話履歴やメール送受信履歴、位置情報が「入手可能な情報」としてリストアップされており、これらの情報を組み合わせれば個人の私生活や人間関係まで把握できます。

さらに、アプリでのフリーマーケット取引履歴、運転免許証や顔写真の写しなども含まれ、ドラッグストアやコンビニエンスストア、レンタルビデオ、書店などの購入履歴などからは、対象者の思想信条や趣味嗜好、健康状態まで把握することが可能だ。これらの情報の入手に使われる「捜査関係事項照会」は、捜査当局が独自に企業側に出す要請にすぎず、取得後の情報の使用方法や管理体制、漏洩リスクの実態も不明なうえに、当局へ情報を提供したことは顧客本人には通知されません。

それらを手に入れれば、**その人間の趣味・嗜好から思想傾向までを丸裸**にできます。対象に挙げられている企業は、主要な航空会社、鉄道、バスなどの交通各社、クレジットカード会社、消費者金融、コンビニエンスストア、スーパー、家電量販店をはじめ、買い物の際に付与されるポイントカードの発行会社や、携帯電話会社など、国民生活の全般にかかわる主要企業がほぼ網羅されていました。

共同取材班は、リストに目を通して「底知れない気持ちの悪さ」を感じたといいます。さらに大きな問題は、リストに載っていた企業の多くが、捜査機関側から「捜査関係事項照会」を請求されれば、顧客の個人情報を提供すると「明記」していることです。

◆照会をはねつける気概のある企業は多くない

「捜査関係事項照会」とは、刑事訴訟法197条2項に規定してある捜査手法（捜査については、公務所又は公私の団体に照会して必要な事項の報告を求めることができる）のことで、捜査当局が官公庁や企業などに、捜査上必要な事項の報告を求めることができる規定です。

家宅捜査や差し押さえなどは、裁判所の令状が必要になりますが、内部手続きだけで照会をかけることができ、報告を求められた側は照会に応じなくても罰則は受けません。

Tポイントのサイトより

共同取材班は、先の一覧に掲載されている２９０社にアンケート取材を試み、１０４社が回答を寄せ、そのうち91社が捜査関係事項照会による顧客情報提供があったことを認め、29社は顧客向けの利用規約やプライバシーポリシーに、情報提供することを明記していないそうです。

回答を寄せた企業は、まだこうした問題に気を配っているところで、中には、当局の要請に応えることをなぜ取材されるのか、訳がわからないというところもあったそうです。

ところで、Tポイントカードを使っているでしょうか？

Tポイントカードの会員数は６７８８万人（昨年9月時点）だそうで、ポイントカード事業では最大手です。レンタルショップ、コンビニエンスストア、飲食店、ドラッグストアなど、あらゆるところでモノを購入するとポイントが付きます。

これは捜査当局にとって非常に有用だったそうで、ある事件の被疑者が、同じ時間帯に特定のコンビニエンスストアへ来て買い物をすることが、Tポイントカードからわかり、防犯カメラの映像で本人だと確認し、待ち伏せて身柄を拘束できたという話もあります。


実は、「捜査関係事項照会」について、私も2回ほど経験があります。一回目は20年前の話になりますが、高校教諭時代に、ある卒業生について、この「捜査関係事項照会」を受けました。その時は、管理職と相談して、成績、出欠数、学級での委員のみを記載し、当時の担任の書いた所見や指導歴などのその他の事項は、元生徒の不利になる恐れがあるとして、記載しないで回答しました。二回目は、某会社の社長室長をしていたとき、元社員について照会がありました。社長は、現社員ではないし、元社員のプライバシーのことだから、回答する必要なし、として、私は「回答できません」と回答しました。

共同の記事を読む限り、顧客のプライバシー情報が重要だと考え、照会をはねつける気概のある企業が多くあるとは思えません。

◆国と対立してまで、顧客の個人情報を保護する意識がない

携帯電話会社は、GPS機能を使えば、その人物がある時間にどこにいたかがわかります。位置情報は高度なプライバシー情報ですが、大手3社は「令状が必要」とリストに明記されているそうです。しかし、オンラインゲーム会社3社は、位置情報が取得可能ですが、令状が必要とは記載されていません。

ある検察関係者は共同の記者に、「企業は国と対立してまで顧客の個人情報を保護する意識がない。当局となれ合い、情報を渡す」といい切ったそうです。

この捜査関係事項照会は、EUでも問題視されているそうです。なぜなら、日本の企業がEU市民の個人情報を取得すれば、裁判所の令状なしに日本の捜査機関に提供されてしまうからです。

加えて、日本にはマイナンバー制度があります。これで国民を管理できます。本音は、脱税阻止のため、個人のお金の流れを管理することが目的といわれています。それを知ってか知らずか、実際、住民基本台帳もマイナンバーも、何千億円というお金

を使っても普及率は10％程度のようです。

政府や役人は、マイナンバーを東京オリンピックまでに行き渡らせ、それに銀行口座をひも付けして、個人の資産をすべて把握しようとしているようですが、もくろみ通りにいかないのは、日本人がお金についてはプライバシーに関心が高いからでしょうか？

これら報道と裏話を聞いて、これが「警察管理国家」か？と間違いなく思ったのです。これに、マイナンバー個人情報などとのマッチングをすれば、それが真実であろうが、印象操作であろうが、ほぼ「人物像」が作り上げられるのです。

情報を悪い人に利用されないのか？　そういうことを心配しなくていいのでしょうか？

◆最高裁が「GPS捜査は違法」との判断の裏にあるのは…

2017年3月15日、最高裁大法廷である判決が下されました。寺田逸郎裁判長

（最高裁長官）は「GPS捜査に関する法律がつくられない限り、同捜査は行えない」と判断しました。

「GPS捜査は個人の行動を継続的、網羅的に把握し、プライバシーを侵害しうる。このような捜査は裁判所の令状がなければ行うことはできない。しかし、刑事訴訟法が規定する令状でGPS捜査を行うことには疑義がある。立法的な措置が講じられることが望ましい」（寺田裁判長）

これを受けて、翌3月16日、坂口正芳警察庁長官は記者会見で「今後、GPS捜査は行わない」と述べました。

「GPS捜査」は、警察が事件関係者の車両にGPS発信器を取り付けて行動を確認するものです。実は2000年代はじめから、警察庁が全国の警察を指揮監督して秘密裏に行われていたのです。しかし、2010年代に入ると、事件関係者がGPS発信器を発見し、後日の刑事裁判で「違法捜査」と争われるケースが相次ぐようになりました。地裁・高裁の段階では、「違法」とする判決と「適法」とする判決が半々でしたが、これに決着をつけたのがこの大法廷判決の前段の「GPS捜査は、裁判所の令状なしで行えない」です。

長年、ＧＰＳ捜査を続けていた警察庁は、「裁判所の令状さえ取得すれば、今後もＧＰＳ捜査は認めてもらえる」と考えていたかもしれませんが、現状では、大法廷判決の後段である「新法がなければ、ＧＰＳ捜査は行えない」となったのです。

フリージャーナリストの寺澤有氏は、裁判所の内部文書を入手し、その中で、

1、最高裁は、裁判官の独立を脅かす可能性のある（憲法違反の恐れがある）「ＧＰＳ捜査に関する令状請求の実態調査」があること。

2、裁判官は、事件関係者だけでは、第三者が使用する自動車に検証許可状を発付するプライバシーの侵害をしていた。

書籍表紙

等を突き止めました。（詳細を知りたい方は、『ＧＰＳ捜査令状報告書』寺澤有　著）をお読みください。

これは、市民にとって、歓迎すべき判決のように思えます。しかし、裏を返せばどういうことでしょうか？

新法ができたら、ＧＰＳ捜査がまた、可能になるということです。その法律の中身がどうなるかです。ＧＰＳ捜査のような監視捜査では、犯人逮捕という市民の安心・安全の面と個人のプライバシーの侵害の両面が存在しています。そのバランスが必要ですが、このことにどれだけの人が興味関心を持っているでしょうか？

◆アニメ『サイコパス』から見える監視社会の功罪

監視社会は、もはや既成事実です。犯人逮捕に、監視カメラは大いに役立っています。進行中のこの事実は、それほど悲観することはないのか？を考えてみてほしいのです。

デジタル時代には、いろいろなことが今までの常識を超えていきます。

例えば、８Ｋの解像度を持つ映像。８Ｋ以上は人間のためのものではなく、機械のためのものだと考えられます。人間の目はせいぜいＨＤと４Ｋの真ん中くらいまでしか認識できません。８Ｋは人間には高度すぎる技術で、人間が見るテレビのためのものではありません。監視カメラのようなものが人を見分けるのには、ちょうどいいようです。

「人間が見る」のではなく、「人間を見る」になってきています。仮に、８Ｋの技術で監視カメラを運用すれば、高い精度で顔認識が可能で、夜道でも顔を特定できます。そうなれば、設置場所近くでは痴漢が減るかもしれません。安心・安全な社会を実現し、よりよい社会に向かうための一つの選択肢としてであれば、前向きに考えるべきだと思います。

もしかしたら、落とし物のない社会も実現できますし、テロで爆弾をしかけられるような事態にも対応できるかもしれません。

実際、指名手配犯はコンビニエンスストアで捕まることが多いそうです。アメリカでは、コンサート会場にカメラを付け、犯人逮捕に役立っているそうです。監視カメラをコンビニエンスストアにつけておけば、指名手配犯の逮捕にもつながるし、万引き防止や、お客が一度買いかけたものを棚に戻したところまで細かく監視してデータが取れるので、そのデータをマーケティングに活かすこともできます。

システムを作るのは人間ですが、そのシステムが動き出すと止まらなくなるのが恐ろしいことです。

例えば、映画にあるように、予知で犯罪を防止するというのも、一見正義のようにみえますが、見方を変えると、誰でも逮捕できるシステムになるということです。誰でも逮捕できる世界は、どんな社会なのでしょうか？　比較しては失礼かもしれませんが、ナチスの全体主義のシステムを思い出してしまいます。

法を犯していない者を逮捕するのは人権的にどうなのでしょうか？　先に紹介した映画「マイノリティ・リポート」では、犯罪予防局の捜査員たちが、捜査や追跡に使う斬新なガジェット（道具、装置、仕掛け）の数々は、将来的に実用化されそうなものばかりでした。

この作品は、どれだけ完璧なシステムを作ろうと、それを使う人間が道を踏み外せば意味がないということを如実に示してくれる作品です。映画に出てくるプリコグ（3人の予知能力者たちで構成された殺人予知システム）の予知は完璧でした。ただ、その完璧なプリコグを使うのは完璧ではない人間です。人間は間違いを犯すし、道を踏み外すものです。**結局、使う人間が完璧ではないという前提でシステムを構築しないと、隠蔽、改ざんをやり放題**です。

プリコグの予知システムは非現実的かもしれませんが、将来的には「人工知能を使って犯罪予備軍みたいな人たちを抽出して監視する」みたいな世界が実現するのではないかと思っています。そこまで行かないまでも、全てが監視されている社会です。

『PSYCHO-PASS サイコパス』（２０１２年10月〜）というアニメがあります。

人間のあらゆる心理状態や性格傾向の計測を可能とし、それを数値化する機能を持つ「シビュラシステム」が導入された西暦２１１２年の日本。人々はこの値を通称「PSYCHO-PASS（サイコパス）」と呼び、有害なストレスから解放された「理想的な人生」を送るため、その数値を指標として生きていました。人々は脳の検査を受け、犯罪に手を出す可能性を「犯罪係数」として計測され、検査にひっかかれば、たとえ罪を犯していない者でも、規定値を超えれば「潜在犯」として裁かれ、犯罪係数が３００を超えると何も罪を犯していなくても殺されるのです。

そのような監視社会においても発生する犯罪を抑圧するため、厚生省管轄の警察組織「公安局」の刑事は、シビュラシステムと有機的に接続されている特殊拳銃「ドミネーター」を用いて、治安維持活動を行っていました。犯罪係数を測ることで政府が人々を管理する近未来の世界。ある執行官が正義の意味を追い求めていく作品です。

監視は、私たち人間が、ついつい犯してしまう些細な悪事に対する歯止めにはなります。誰でも知っているように、人間は嘘をついてしまうものですが、**思っただけで、あらゆるものが白日の下に晒され裁かれる**ようでは、それはもう別の世界です。

現実では、逮捕まではいきませんが、先に述べた、札幌中央区で行われた安倍晋三首相の参院選の街頭演説の際（２０１９年7月15日）、演説中にヤジを飛ばした市民を北海道警の警官が取り押さえ、演説現場から排除され拘束された事案では、傍でウロウロして罪を犯す、そのときを待っているというところまで来ています。

「誰かがモニターの前で、あなたを見ているに違いない」そういう社会になっているのです。

この超・監視社会の中で、国民はどう生きていくか？です。とはいえ、監視されていることを意識して、それに抵抗しようとすると、疲れ果てることがあります。答えは、まずは「悪いことをしない。法に従う」しかありません。「そうしないと見つかるよ！」ということです。

◆防犯カメラの映像が誤認逮捕・冤罪事件も引き起こす

監視社会は、良いことばかりではありません。それが悪用され、犯罪に使われ、ある日、突然冤罪に巻き込まれる恐怖も併存しているのです。

２０１４年10月14日(火)放送の『クローズアップ現代』でも、「防犯カメラの落とし穴~相次ぐ誤認逮捕~」と題して扱っています。

「決定的証拠」となるハズの監視カメラの映像が、誤認逮捕に繋がる場合もあります。背景について、ある現役警察官は「我々が捜査報告書を１００枚作るよりも、防犯カメラの映像一つの方が証拠として断然に強い。防犯カメラを押収したから安心、ちょっと慢心しすぎる」「(防犯カメラの映像を)全部見れば言うことは何もないですが、早回しで見たとしても人の力の限界。失敗を犯してしまうということは無きにしもあらずだと思います」と証言しています。

以下に、監視カメラの映像が引き起こした誤認逮捕の例を６つ紹介します。

（1）２０１2年－深夜のコンビニエンスストアで現金強盗事件。犯行の様子を防犯カメラが捉えていた。マスクで顔を隠した犯人が現金を奪って逃走。警察は、犯人が自動ドアに触れていることに注目。指紋を採取したところ、ドアの外側から男性の指紋が見つかり、この男性は逮捕・起訴された。男性は「犯行時刻とほぼ同じ頃、自宅で友人と一緒にいた」と主張し、その時に撮った写真を見せたが取り合ってもらえなかった。検察は裁判で専門家に映像の鑑定を依頼し、「(男性と犯人の) 類似度が高い」と判定された。しかしその後、弁護士が監視カメラの映像を入手し、事件当日から1週間遡って確認したところ、事件5日前の映像に、男性の指紋が検出された場所を買い物の際に触っている様子が映っており、裁判では「自動ドアの指紋が事件当日についたとは断定できない」という結論が出され、男性は無罪判決を受けた。男性の勾留日数は３００日に及んだ。

（2）２０１2年10月－元中国放送アナウンサーの煙石博氏が、広島市南区内の銀行の監視カメラの映像をもとに、同年9月24日に同銀行記載台に女性会社員が置き忘れた６６６００円入りの封筒を盗んだ疑いで広島県警広島南警察署に逮捕された。被害を訴えた女性が記帳台を離れてから、従業員が封筒を見つけるまでは約16分。

その間、記帳台付近を映した防犯ビデオに映っていたのは、煙石さんだけだった。しかし、現金を抜き出すシーンは映っておらず、封筒に触れたかどうかも判然としない。一方、封筒から煙石さんの指紋は検出されなかった。その後起訴され、第一審、二審とも「客観的なビデオカメラの映像から、被告人以外の者が犯人とはいえない」「被告人の供述は信用できない」として、窃盗罪が成立するとし、執行猶予付きの有罪判決。２０１６年（平成28年）、最高裁で弁論を開く事を決定。最高裁で弁論を開くことは異例のこと。２０１７年（平成29年）、最高裁で弁論が行われた。最高裁は、仮に煙石さんが犯人だとすると、（ａ）現金を抜き取った後、封筒を元の場所に戻すのは不合理、（ｂ）画面の外に出たわずかな時間に、紙幣12枚と硬貨２枚を抜き取り、隠すのは難しいと判断。そのうえで、（ｃ）映像から煙石さんが封筒に触ったとは証明できないとした。また、封筒の中に本当に現金が入っていたかも疑わしいと結論づけた。同年３月、最高裁第２小法廷は、一、二審判決を破棄し無罪を言い渡した。

（３）２０１４年３月 - 山口県のパチンコ店で男性客が台の上に置き忘れた財布が何者かに盗まれた。翌日、男性客のすぐあとに座ったのが女性。席に着くと台の上の方を触り、１分後に別の台に移動した。警察は、監視カメラの映像を決め手として女性を逮捕。逮捕から7日目の朝、女性は突然釈放された。警察のずさんな捜査による誤認逮捕が明らかになった。店の隅にあるごみ箱の裏から、盗まれた財布が見つかり、そこにある防犯カメラに別の人物が財布を捨てる姿が映っていた。警察が犯行現場の防犯カメラを改めて確認すると、女性が席を離れた1時間20分後にその人物が財布を盗る姿があり、真犯人だと判明した。警察は女性に関する防犯カメラの映像を一部しか見ていなかった。

（4）2017年9月－埼玉県深谷市のアパートで現金千円などが盗まれ、帰宅した30代女性が怪我を負わされるなどの事件が発生。深谷警察署は監視カメラの映像をもとに30代男性の犯行と断定し、20日間勾留した。男性は被疑を否認し、その後処分保留で釈放された。この男性は11月に強盗致傷や強制わいせつなどの被疑で逮捕されていた。2018年5月に別の強盗事件で逮捕された20代の男がこの事件への関与を認め、犯人しか知り得ない情報も含まれていたため、深谷署は8月27日に男を再逮捕し、男性に謝罪した。

（5）2018年10月－東京・中野区のコインランドリー内で女性の衣服が盗まれ

る窃盗事件が発生。被害にあった女性は警視庁野方警察署に被害届を提出。被害届を受理した捜査員らはすぐに施設内の防犯カメラの確認を行った。そこには誤認逮捕された男性のほかに、実際に衣服を盗んだ別の男が映っていた。最初にカメラに写っていた20代の男性を逮捕。誤認逮捕された男性は一貫して、「私はコインランドリーに行っていたが、女性の衣類は取っていない」と窃盗被疑を否認。しかし、警視庁は男性がウソを言っていると思い、防犯カメラに映る別人の犯人を男性と思い込んだまま逮捕し、さらに男性の自宅への家宅捜索も行った。東京区検は警視庁に対して、犯行現場となったコインランドリー内の防犯カメラ映像について解析をするよう指示。警視庁が科学捜査研究所で画像解析を行ったところ、防犯カメラに映る犯人は誤認逮捕した男性とは別人と判明。誤認逮捕した警察官は指紋の照合を行わず、防犯カメラの映像のみで捜査を進め、一貫して否認する男性の証言をウソと思い込んでいた。男性は一貫して無罪を主張したものの、警視庁に3日と約8時間勾留された。

（6）2019年1月－愛媛市内で、タクシーの運転手が何者かに現金5万円とセカンドバッグを盗まれた事件が発生。タクシーのドライブレコーダーに写っていた犯人と顔が似ているなどとして、女子大生を窃盗の疑いで逮捕。そもそも女子大生はタクシーにも乗車はしていなかった。「本当の犯人を捕まえてください。こんなの何の解決にもならない」と言うと、取調官は、「犯人なら目の前にいるけど」と言い、他にも「やってないことを証明できないよね？」「タクシーに乗った記憶ないの？二重人格？」「罪と向き合え」、さらには、就職も決まってるなら大事（おおごと）にしたくないよね？」「ごめんなさいをすれば済む話」「懲役刑とか罰金刑とか、人それぞれだけど早く認めたほうがいいよ」「認めないからどんどん悪い方へ行ってるよ」「今の状況は自分が認めないからこうなってるんだ」なとと、執拗に自白を強要した。再捜査の結果、別の女性が浮上し、被疑を認め、釈放された。担当刑事からの直接の謝罪はいまだない。

（1）～（6）は、解明され、明らかになっている事件の一部です。係争中のものや念入りに調べればもっと数はあります。事件発生の年月日をみればわかるように、解像度が上がっている現在でも、防犯カメラという名の監視カメラが、逆に誤認逮捕や冤罪という犯罪に加担しているのです。

たまたま，その事件の場所に居ただけで間違えられても困ります。防犯カメラは、ありがたいけど迷惑な存在ともいえます。防犯カメラがあったからこそ救われたともいえますが、あったからこそ逮捕されたともいえます。

経験してみれば（したくないと思いますが…）わかりますが、誤認逮捕された方の中には、取り調べを受けるうちに罪を認めそうになったという人が数多くいますし、認めてしまう方もいます。

誤認逮捕された人や逮捕まではいかなくても取調べを受けた人に会うとわかりますが、本当に皆さん、普通の一般の方なので、たとえ釈放されたとしても、起訴されなかったとしても、精神的な負担がかかり、体調を壊したり、病院に通ったり、仕事を休みがちになったという人もいて、本当に深刻な事態に陥ります。ですので、誤って逮捕されてしまうと、本当に取り返しのつかないダメージを受けます。

こんなことが起きる理由には、警察の杜撰な捜査というものが挙げられます。現場に設置された防犯カメラのこの設定時刻がずれていて、警察がその時刻をきちんと確認しないままに、結果的に、犯行時刻とは違う時間にたまたま映っていた男性を逮捕したという例もあります。

防犯カメラは、セキュリティの問題でネットに接続されないケースが多いです。ネット接続できている場合、カメラを適切に設定すれば、時刻を自動的に正確なものに合わせる機能が働きます。しかし、補正されない場合、日付、時刻ともに大きく外れている可能性があります。ネット接続されていない場合、ＧＰＳなどで時刻補正をするのですが、コストが高いため、ほとんど採用されていないのが現実です。理由としては、設置者の意図が犯罪捜査ではないため、正確な時刻の必要性が無いからです。これは、設置している人や設置会社であれば、当然知っていることです。

ですから、防犯カメラのこの設定時刻を確認するというのは、基本中の基本です。その現場の指紋を採ることや、映像の前後に写っている人も疑うというのも基本中の基本です。防犯カメラのデータは比較的簡単に集められますし、客観的な証拠としては、強い証拠能力を持ちます。これを突きつけて、自白に追い込めば、事件解決です。

しかし、実は防犯カメラの映像は、捜査の手がかり、端緒でしかないのですが、それが決め手になり、証拠になっていくという問題があります。本来の捜査である、聞き込み、指紋、血液型、足紋、アリバイなど捜査し、被疑を固めていくのが基本です。容姿が似ているだけではなく、今は、歩幅や姿勢、腕の振り方など、無意識に出る特徴を調べることで個人を識別できる技術があるのですから、やるなら、それも使用すべきです。この技術を使えば、マスクで顔を隠している場合でも、遠くからの映像でも歩く姿が映っていれば分析可能で、より精度の高い捜査につながります。顔が見えてなくても、歩き方が一緒であればトータルに正しい客観的な情報が入ってくるということは、捜査の信頼性を上げる、イコール誤認逮捕を減らすことにつながります。

従来の第三者の目撃証言が有力な証拠という場合もありますが、思い込みという場合もあります。

もう一つ、撮影された条件によっては、映像と現実の間にずれが生じる場合もあります。

これは、アメリカの事例ですが、赤ん坊を激しく揺さぶっている姿が防犯カメラに映っていて、ベビーシッターが児童虐待の疑いで逮捕されました。しかし映像は事実と違っていました。撮影したカメラの性能が低く、画像が粗くなり、実際はあやしていただけなのに激しい動きに見えたのです。逮捕のきっかけになったビデオと同じ種類のカメラで撮影すると、動きが雑に見えることが分かりました。

ＦＢＩ訓練担当者は、「ビデオは、実際には録画の段階で加工されているのです。最初に我々が教えるのは、映像で見えているものは事実ではないということです」といい、その後、アメリカでは各地から捜査員を集め、映像を分析し判断するスペシャリストの養成を始めています。

特に画面の縦横の比率によって、体格の良い人が痩せた人に変わってしまうことがあります。映像が拡大されたり、スピードが変わったりすることで、もともとの映像が間違って見えていないか確認するノウハウを学ぶそうです。

◆フェイク画像も簡単に作れる

気を付けなくてはいけないことの一つに、デジタルデータでは、加工ができるということです。分かりやすく言えば、**フェイク画像を簡単に作れる**ということです。

みなさんは、「ディープフェイク（deep fake）」については、ご存知でしょうか？人工知能など高度な合成技術を用いて作られる、本物と見分けがつかないような、にせものの動画のことです。

「ディープフェイク」は、人工知能ＡＩ技術の一つでもあるディープラーニング（学習機能）を使い、映像を作る技術です。ディープラーニングは、人の口元、目元（瞬き）身振り手振り、話す時のクセなどを学習します。

今、ディープラーニング機能でフェイク画像などを作成する、いわゆるディープフェイク技術が目覚ましい進歩を遂げ、少し前には、自分の画像を老けさせたり、性別を入れ替えたりできるFaceApp（顔写真加工アプリ）話題になったばかりですが、今度は、動画を使った顔加工ができるようになっています。

楽しい使い方としては、スマートフォンで撮影した自分の顔と、映画の登場人物の顔を合成加工できるアプリもあり、顔写真1枚をアプリにドロップするだけで、映画やテレビ番組、ミュージカルの出演者の顔と自分の顔を入れ替えることができたりします。1枚の写真で七変化を楽しんでいるうちはいいのですが…。

一方で、政治家や著名人に虚偽の発言をさせるフェイクニュースや、他人の顔を合成したポルノ動画などに悪用する例があり、問題視されています。

オバマ大統領の口パクは、有名なディープフェイク動画の一つです。この動画は、

オバマ大統領のフェイク映像とジョーダン・ピール氏

コメディアンでもあり、映画監督もされている、ジョーダン・ピール氏が作成した映像になります。映像の中ではオバマ前大統領が話しているのですが、実は、ジョーダン氏の喋りに合わせてオバマ元大統領の口元が動く、まるで、オバマ元大統領が考えて話しているように見えるのです（「オバマ大統領」「ディープフェイク」で検索すると出てきます）。

これが、問題となった頃はまだ、フェイク動画の脅威は数百枚もの画像が出回る有名人に限られていました。でも、今はずっと少ない枚数でリアルな動画が作れるようになっていて、それを規制する法律はまだありません。自分の老け画像で楽しんでいるうちはまだいいですが、いじめとか、リベンジポルノとか、政治的利用とか…色々考えると相当怖い時代になっています。

嘘を嘘と見抜くのはかなり大変な時代です。ですから、ネット上で見かけた動画を簡単に鵜呑みにせず、本当に公式に発表しているのか、本人が話しているのかどうかを、今まで以上に注意しなければなりません。

実際に、本人と見分けがつかない偽動画に、ザッカーバーグ氏本人なら決して話さないような言葉を語らせたり、アメリカのトランプ大統領と対立する議員のスピーチ映像が、あたかも酔っぱらっているかのように加工され、ＳＮＳ上に拡散されたり、トランプ大統領があたかも話した映像など、悪質な偽動画も出てきています。

問題なのは、**ある時点でディープフェイクを見破ることは不可能になる**ということです。ですので、技術者と法律を作る人たちが協力することが必要で、ルールや法律によって、ディープフェイクの脅威から人々を守ることができます。

とすると、「防犯カメラの映像が事実でない可能性もある」と。まず考えることが必要です。単純に、信用してはいけないものだという認識が必要なのです。正確に判断するには、そういうことについて専門的な知識があって、技術を持っている人が、これを担当しなければいけないのです。間違いなく、これから、**画像・映像の専門の鑑定官が必要になってくるのです。この専門官の養成は急務**だと私は考えます。ところが、今の日本は、ほぼすべての捜査官が見て判断しています。

通常、指紋や血液型鑑定は、鑑識なり、専門の所に持っていって、専門の人が分析しますが、**映像だと、警察であれば、それを誰でも見て判断できてしまう**という状態があるのです。

その使い方を間違えると、人権侵害の問題にもなります。

実際の誤認逮捕、冤罪の被害は、想像を絶するものです。仕事や、友人、知人、信頼などを失います。家族にも、経済的、精神的、社会的な半端ではない負担を掛けます。時には、家族も失います。誤認逮捕であることが分かった後、警察からは「真相の解明に必要な逮捕だった」と説明を受けても、到底納得できるものではありません。

◆ドライブレコーダーがあったとしても…

つい最近のことです。ドライブレコーダーがあったとしても…、でも、無かったとしたら、冤罪になっていた事例があります。

茨城県守谷市の常磐自動車道で2019年8月、男性会社員（24）が「あおり運転」を受けて殴られた事件で、強要被疑で再逮捕された住居不定の会社役員M（43）が逮捕され、この際、同被疑者をマンション自室にかくまうなどしていた交際相手の女（51）（いわゆるガラケーの女）も逮捕された事件は、記憶に新しいと思います。

この被疑者は、6月に浜松市の新東名高速道路でもトラックに対し、あおり運転をしていたことがわかったのです。

6月8日午前0時ごろ、浜松市の新東名高速上り線で、トラックがM被疑者の車に追突する事故が発生。同被疑者と、同乗していた交際相手の女が軽傷を負いました。

静岡県警は同21日、トラックの男性運転手を自動車運転処罰法違反（過失運転致傷）被疑で書類送検しました。しかし、常磐道での事件を受け再捜査し、トラックのドライブレコーダーの映像などを再確認した結果、M被疑者のあおり行為が追突事故の原因になったと判断し、運転手が刑事処分を受けないようにする手続きや、M被疑者を暴行などの疑いで立件することを検討していると報道がありました。

トラックに搭載されていたドライブレコーダーがあったとしても、トラック運転手は書類送検されていたのです。おそらく、有罪になっていたことでしょう。

しかし、それが他の事件で、あおり運転が発覚し、同じドライブレコーダーを再確認したら、今度は、男性運転手は、加害者から被害者に変わったのです。

量販店のドライブレコーダー売り場

同じ記録なのに、評価が全く反対です。この守谷の常磐道であおり運転が発覚しなかったら、このトラック運転手は冤罪のまま有罪になっていたことでしょう。

記録は、何も変わらないのに、M被疑者の運転の仕方の印象が分かったことで、加害者と被害者が入れ替わってしまったのです。真実が明らかにされたことはいいことですが、捜査がいかに印象に左右されるのか分かりやすい事例です。

ドライブレコーダーを搭載しているから、真実が明らかにされると思ったら、それは甘すぎる考えだということをこの事例は示しています。

警察が充分に対応しない案件は、防犯カメラのような客観的証拠で民事的に解決するしかない面も否定できません。

◆私たちは、監視社会・印象操作された社会の中で生きている

マスコミの報道の影響も計り知れません。

「テレビは洗脳装置。嘘でも放送しちゃえばそれが真実」

「日本人はバカばかりだから、我々テレビ人が指導監督してやっとるんです」

「君たちは選ばれた人間だ。君たちは報道によって世の中を動かす側の人間。対して一般国民は我々の情報によって動かされる人間だ。日本は選ばれた人間である我々によって白にも黒にもなる」

とまで言った大手マスコミのトップがいるようです。

すでに、マスコミや多くの企業は、警察との忖度関係になっています。ITの発達で企業が膨大な顧客情報という「ビッグデータ」を集めることができるようになったため、われわれのプライバシーは真っ裸にされているのです。

さらに共謀罪ができ、こいつは怪しいと思えば、盗聴や尾行ができます。その上、私たちが僅かなポイントが欲しくて売り渡している個人情報を、検察や警察は令状なしに手に入れられます。

プライバシーよりも安心・安全を優先させたために、**日本の辞書からもプライバシーという言葉が消える時代がもう、すぐそこまで来ています。**

警察神話や裁判所神話を信じ、警察・検察は、そんなことしないし、裁判所は真実を発見してくれる、と思っている方もいるかもしれませんが、彼らは誰かを有罪にすると決めたら、何でもします。そのことは知っておいてください（もちろん、職務を全うに務めている人もたくさんいます）。

裁判所も真実を暴いてくれる確率は相当低いと思ってください（このことは本書の趣旨ではないので、詳細は述べない）。

監視大国ニッポンは警察国家ニッポンへの回帰であり、このままいけば戦前よりもっと厳重に監視・管理され、個人のプライバシーなどぼろ雑巾のように扱われるに違いないと思えてならないのです。

「令和」という時代がそうならないように願います。

おわりに

先日のあるシンポジウムで、「どうやって本当の情報を仕入れるのですか？」と質問した方がいました。その方は、ネットや本で情報を仕入れて発信している、いわゆるキュレーター（インターネット上の大量の情報を収集・整理し他のユーザー（読者）に共有する行為や行為者）とも呼べる人でした。

パネラーの先生は、「とにかく多くの情報を得ることで情報の偏りをなくすこと。それを自分の経験とすり合せ、何が本当かを実践実証してみる。できないことは、それを経験している人の所に聞きに行く。後は直感です。絶対に、ネットや本からの情報を鵜呑みにはしない。まずは疑ってみる」と答えました。

私は、大賛成です。「体験＋知識」が一番真実に近いと思います。冤罪被害体験や国家機関に盗聴されたり、マークされたりすれば、分かることもあります。

バラバラな情報が「つながって」意味を持ちます。

現実の世界は、何らかの「メカニズム」によって動いています。「世界現実を動かす奥深い仕組み」です。するとそのメカニズムの働きによって「個別事象」が起こります。この「個別事象」は、表面に現れるバラバラ現象です。人の目に見えやすいので、通常、人がまず意識するのはこの部分です。しかし、個別事象が共通のメカニズムから生まれたものであるならば、それを束ねてみるとそこに何らかの共通する意味「統合概念」、つまり、「個別現象を統合する意味付け」を見出すことができます。

「警察管理国家」でいえば、「監視カメラの発達」や「ＩＴ技術の発展」をベースとして、ＧＡＦＡ（グーグル、アップル、フェイスブック、アマゾン）の動き、防犯カメラという名の監視カメラ、Ｎシステムやオービス、携帯のＧＰＳ、衛星による監視などは、「個別事象」です。それを、警察・検察・裁判所が利用しているというのが「個別現象を統合する意味付け」です。

この「意味付け」において、国民にとって、安心安全の面とプライバシーの侵害の両面があるのです、言い換えれば、両刃の剣です。

では、「世界現実を動かす奥深い仕組み」は何なのか、それについては、本書で少しだけ触れましたが、紙面の都合で、その詳細は、改めて原稿を起こすことにしたいと思います。

第二次世界大戦時の大本営発表、それを報道したマスコミ、報道しなければ弾圧した警察権力。これを現代的言葉で言えば、フェイクニュースであり、それに対抗できなかった報道機関・国民の結果であったことを忘れてはいけません。

２０１９年8月11日(日)のテレビ番組「ＮＨＫスペシャル」では、「激闘ガダルカナル 悲劇の指揮官」というタイトルで、太平洋戦争の転換点となったガダルカナルの戦いで、日本陸軍の精鋭部隊９１６名が玉砕した一木支隊の戦いを扱っていました。

番組の解説を公式ホームページから紹介します。

太平洋戦争の転換点となったガダルカナルの戦い。日本陸軍の精鋭部隊９１６名が、１万人を超えるアメリカ海兵隊に戦いを挑み、全滅した。

指揮官の一木清直大佐は、無謀な突撃作戦にこだわり、部下の命を奪ったとして非難を浴びてきた。果たしてそれは真実なのか？ 今回、アメリカで膨大な戦闘記録を発見。一木支隊の知られざる激闘の実態をドローンによる地形調査を交えて、高精細な三次元のＣＧで復元する。１０倍の敵が待ち構えているとは知らず、「死の罠」にはまっていった一木支隊の兵士たち。予期せぬ大敗北の裏には、共同作戦に打って出た陸軍と海軍の対立があった。両者の溝が深まる中で、戦場は地獄と化していった。部隊全滅の責任を負わされた指揮官の悲劇に新発見の史料から迫る。

NHKスペシャル「激闘ガダルカナル 悲劇の指揮官」より

私の父は、この玉砕した一木支隊の生き残りの通信兵でした。父からは、当時の色々な話を聞いていました。父の他界後、いくつかのガダルカナル島の戦いの本を読んで、その意味を少し理解しました。その後、父の遺言どおり、現地に赴き、父の骨を玉砕地イル川のほとりに散骨し、その翌年、戦没者遺骨収集にも参加しました。

父が生前、飲むといつも、こう話していました。

「俺たちは、大本営に見捨てられたんだ」

「俺たちは、大本営からみたら、虫けらなんだ」

「ジャングルの中は、死臭でいっぱいだった」

「食べられるものは何でも食べた」

「奇跡の生還だったんだ」

「陸軍と海軍が仲良かったら、みんな死ななくて済んだんだ」

「海軍に見捨てられたけど、撤退は海軍に助けられた」

「南十字星はキレイなんだ」


当時は、その言葉の意味や重みがわかりませんでした。現地に行き、知識を得た今なら、少しは、その意味が分かります。

父は私と同居をはじめて間もなくして、こうも言いました。

「いいか、きな臭い時代になった。もはや戦後ではなく、戦前かもしれない。戦争になったら、釣部家末代の恥と言われてもいいから、家族を連れて、海外にでも山奥にでも逃げろ。絶対に戦争の加担をするようなことはするな！」

その時は大袈裟だなと思っていました。でも今なら、その言葉の深さが分かります。

私たちの個人情報は、監視カメラ、スマートフォン・インターネットの閲覧履歴、ソーシャルメディアのアカウントからいくらでも引き出せるのです。きな臭い時代になってきています。すべては使い方によって、善にも悪にもなります。

現実の世界は、何らかの「メカニズム」によって動いています。

本書は、国会議員秘書40年の経験を持つ、沖見泰一氏と出会い、いろいろな情報交換をする中で、背中を押して頂き、執筆を決意しました。また、某会社のA社長（立場上、明らかにはできません）に原稿を読んで頂き、貴重なアドバイスを頂きました。

最後に、背中を押してくださった沖見泰一氏・A社長に心より感謝を申し上げます。

２０１９年10月

釣部　人裕

著者プロフィール

釣部人裕（つりべ　ひとひろ）

ジャーナリスト・ノンフィクション作家。

1961年、北海道札幌市生まれ。札幌北高等学校卒業。筑波大学（体育専門学群健康教育学科）卒業。元高校教師。専門はソフトテニス、運動栄養生化学。

【主な著書】

『決定版 歯の本』『口の中に毒がある』『油が決める健康革命』『再審の壁』『求ム！正義の弁護士』『つりひろの男の料理』『「ガダルカナルの戦い」帰還兵の息子』『つりひろの入院妄想記』『人生を支える言葉』『75点の英語力で充分伝わる！』他。

【著者連絡先】　Office Tsuribe

お問い合わせは、メールでお願いします。

info@tsuribe.com

今や情報を制する者が世界を制する

警察管理国家

私たちは、監視社会・印象操作された社会の中で生きている！

2019年10月10日　初版第1刷発行

2020年 8 月31日　初版第4刷発行

著　者　釣部 人裕

発行者　釣部 人裕

発行所　万代宝書房

〒176-0002 東京都練馬区桜台1-6-9-102

電話 080-3916-9383　FAX 03-6914-5474

ホームページ：http://bandaiho.com/

メール：info@bandaiho.com

印刷・製本　小野高速印刷株式会社

落丁本・乱丁本は小社でお取替え致します。

ISBN　978-4-910064-03-1

装丁・デザイン／伝堂　弓月